EVA-MARIA BAST | JØRN PRECHT

Stuttgarter
Geheimnisse

**50 SPANNENDE GESCHICHTEN AUS
DER SCHWABEN-METROPOLE**

STUTTGARTER ZEITUNG | STUTTGARTER NACHRICHTEN

Bast, Eva-Maria; Precht, Jørn
Stuttgarter Geheimnisse – 50 spannende Geschichten
aus der Schwaben-Metropole

STUTTGARTER ZEITUNG & STUTTGARTER NACHRICHTEN
in Kooperation mit:
Bast Medien, Münsterstr. 35, 88662 Überlingen
(verantwortlich)
2. Auflage 2016.
ISBN: 978-3-946581-01-7

Copyright: Bast Medien
Lektorat: Lena Bast
Covergestaltung: Jarina Binnig, Cornelia Müller, Carina Linke
Layout: Homebase – Kommunikation & Design: Jarina Binnig
Grafik: maps4news.com/©HERE (Karte)
Satz: Carina Linke
Druck: werk zwei Print+Medien Konstanz GmbH

Ein Titel aus der preisgekrönten Reihe „Geheimnisse der Heimat"

Inhalt

Vorwort — 7

Die Autoren — 9

01. Geheimnis
Zahl – *Damit das Haus geschützt ist* — 10

02. Geheimnis
Stuttgarter Rössle – *Wie das Wappentier Schule machte* — 13

03. Geheimnis
Werwolfzeichen – *Symbol einer dunklen Zeit* — 17

04. Geheimnis
Hausnummern – *Welches Gebäude gehört in welche Straße?* — 21

05. Geheimnis
Stuttgart 20 – *Wer hier Bahnhoft versteht, hat verstanden* — 24

06. Geheimnis
Froschkönig – *Streicheln ausdrücklich erlaubt!* — 29

07. Geheimnis
Initialen – *Ideenschmiede für den Weltfrieden* — 31

08. Geheimnis
WWW – *Stuttgarts einstige Schokoladenseite* — 35

09. Geheimnis
Loch – *Das Große in den kleinen Dingen* — 38

10. Geheimnis
Ordenskette – *Von Brezel-Sagen und Ritter-Orden* — 41

11. Geheimnis
Salamander – *Wo einst die Buben badeten* — 45

12. Geheimnis
Gekappter Kirchturm – *Kriegs-Mahnmal am Feuersee* — 47

13. Geheimnis
Neumond – Frau Luna nimmt am Boden ab   50

14. Geheimnis
Uhrtürmchen – Garnisonsschützenhaus - bald wieder in Schuss?   54

15. Geheimnis
Säulen am Königsbau – Platz für die Frauen!   58

16. Geheimnis
Loriot-Säule – Der gemopste Mops   62

17. Geheimnis
Pfennigzeichen – Lohnforderung aus dem Jahr 1963   65

18. Geheimnis
Giebelrelief – Hohe Karlsschule und Hofbibliothek   69

19. Geheimnis
Goes-Denkmal – Keine sieben Leben - aber ein *sehr bewegtes!*   72

20. Geheimnis
Schiller-Grabstein – Letzte Ruhestätte mit kurzer Störung   75

21. Geheimnis
Äffle-und-Pferdle-Fernseher – Schwäbisch in Dauerschleife   80

22. Geheimnis
Hutzelmännlein – Vom stolpernden Seppe zum Tänzer aus Liebe   84

23. Geheimnis
Viergiebel-Siedlung – Welche Farbe darf's denn sein?   87

24. Geheimnis
Bismarckturm – Geburtstagskerze für einen Staatsmann   89

25. Geheimnis
Stadtmittelpunkt – Folgen Sie dem Pfeil!   92

26. Geheimnis
Spolien – Zwei Steine und ein leutseliger König   95

27. Geheimnis
Werkstatthaus Ost – Die bewegte Geschichte der Villa Hauff　　98

28. Geheimnis
Schriftzug – Stammheim. Stammheim?　　103

29. Geheimnis
Königstor-Wappenschild – Klassizismus auf dem Weg zur S-Bahn　106

30. Geheimnis
„Kings Club"-Eingang – Im Schutz der Königin der Nacht　　109

31. Geheimnis
Terrasse – Waschpulverkönig mit Hang zur Schönheit　　113

32. Geheimnis
Brunnen – Knackige Sprüche und ein großes Herz　　117

33. Geheimnis
Dritte Schiene – Als Pferdestärken noch wörtlich zu nehmen waren　120

34. Geheimnis
Liegende Frau – Über Kunst ließ sich eben doch streiten!　　123

35. Geheimnis
Bahngleise – Schienen in den Tod　　127

36. Geheimnis
Stadtmauerrest – Vom Schutzbedürfnis zur Weltoffenheit　　132

37. Geheimnis
Schillerstein – Im Wald, da spielen sie „Räuber"!　　135

38. Geheimnis
Kuhrelief – Schlachthof Ade. Hallo Spielplatz!　　139

39. Geheimnis
Schwab-Grab – Kontraste auf dem Hoppenlauffriedhof　　142

40. Geheimnis
Wandbild – Der Blick hinter den Bambus　　146

41. Geheimnis
Gedenkstein-Feld– Freddie Mercury, Stuttgart und die AIDS-Krise   150

42. Geheimnis
Kacheln – Harry Gelb lebt weiter   155

43. Geheimnis
Kanonenhäusle – Was tun, wenn's brennt?   158

44. Geheimnis
Gehweg – Als die Stuttgarter die Bürgersteige hochklappten   161

45. Geheimnis
Zisterne – Lassen Sie sich keinen Bären aufbinden!   163

46. Geheimnis
Gedenkstein – Die Macht erfundener Geschichten   167

47. Geheimnis
Markstein – Der Stein des Zusammenstoßes   170

48. Geheimnis
Sophienbrunnen – Romantisches Denkmal mal ohne Happy End   173

49. Geheimnis
Merkursäule – Wasser im Kasten und ein Tanz auf der Kugel   176

50. Geheimnis
„Monte Scherbelino" – Kriegstrümmer mit Panoramablick   179

Quellen, Literatur, Bildnachweis   *182*

Stadtplan mit den Geheimnissen   *188*

Vorwort

Wie viele Geheimnisse kann eine Stadt haben? So viele, wie sie Häuser hat? Birgt jede Straße, jeder Platz ein Geheimnis? Oder sind es so viele, wie Menschen hier leben? Im Fall von Stuttgart wären das mehr als 600.000. Wenn man davon ausgeht, dass jede Stuttgarterin, jeder Stuttgarter vermutlich deutlich mehr als ein Geheimnis hat, werden es schnell zigmal so viele. Allein das Geheimnis der Geheimnis-Zahl wird vermutlich nie gelüftet.

Aber – die Geheimnisse der Welt und damit auch die in Stuttgart sind bedroht! Darüber wird gerade viel diskutiert und noch mehr geschrieben. In praktisch allen aktuellen Bestsellern, die sich mit der Digitalisierung der Welt und der tatsächlichen oder vermeintlichen Bedrohung aus dem Silicon Valley beschäftigen, wird eine Welt ohne Geheimnisse als schreckliche Perspektive für die rundum vernetzte und digital vermessene Menschheit skizziert. Aber mal ehrlich – glauben Sie das?

Im Herzen der baden-württembergischen Landeshauptstadt vergeht kein Tag, an dem nicht ein neues Geheimnis geschaffen wird. Zum Beispiel in einem der vielen Ministerien, wenn irgendeine Akte plötzlich als Verschlusssache gekennzeichnet wird. Oder in einem der Luxushotels, wenn irgendein Millionendeal ausgehandelt wird. In einer der Baustellen, wenn einer der vielen Bagger wieder mal auf ein Geheimnis aus bisher unbekannter Vergangenheit stößt. Und in Stuttgart wird in diesen Tagen, Jahren wahrlich viel und überall gegraben und gebaut. Oder – viel romantischer – wenn sich Verliebte in einer der vielen lauschigen grünen Ecken im Zentrum ganz ohne Smartphone gegenseitig ins Ohr flüsternd Geheimnisse verraten.

Eva-Maria Bast und Jørn Precht haben in den vergangenen Monaten selbst erlebt, wie viele Geheimnisse es allein in den fünf Stuttgarter Innenstadtbezirken – ganz unspektakulär Mitte, West, Süd, Nord und Ost genannt – zu entdecken gibt. Alle ganz analog und undigitalisiert – und überhaupt nicht vom Aussterben bedroht. Vor allem Eva-Maria-Bast ist längst Expertin für die Geheimnisse deutscher Städtchen und Städte, nachzulesen in den inzwischen zahlreichen Bänden der preisgekrönten Buchreihe Geheimnisse der Heimat, die am Bodensee ihren Anfang nahm, die schon Bad Cannstatt erkundet hat und inzwischen auch in Hamburg oder München auf ganz sympathisch lesenswerte Art Geheimnisverrat begeht.

Unterstützt wurden die beiden vom Innenstadt-Team von Stuttgarter Zeitung und Stuttgarter Nachrichten. Das Team berichtet seit Jahren über das Leben in den Innenstadt-Bezirken, seit einigen Monaten sogar mitten aus der City heraus, in den Redaktionsräumen direkt beim Hans-im-Glück-Brunnen. Und es sieht überhaupt nicht so aus, als ob den Kolleginnen und Kollegen irgendwann die noch zu erkundenden Geheimnisse ausgehen würden.

Sie, liebe Leserin, lieber Leser, können in diesem Buch 50 Stuttgarter Geheimnisse neu entdecken. Und vielleicht reizt die Lektüre Sie ja, die vielen anderen, nach wie vor rätselhaften oder verborgenen Geheimnisse im Herzen der Stuttgarter City aufzuspüren und ihnen auf den Grund zu gehen. Wenn Sie eins finden – verraten Sie es uns? (E-Mail: innenstadt@stzn.de)

Jürgen Brand
Teamleiter Innenstadt, Stuttgarter Zeitung/Stuttgarter Nachrichten

Die Autoren

Eva-Maria Bast, Jahrgang 1978, arbeitet seit 1996 für verschiedene Zeitungen und Magazine. 2011 gründete sie mit Heike Thissen das Journalistenbüro „Büro Bast & Thissen", das 2013 erweitert wurde und sich nun „Bast Medien" nennt. Eva-Maria Bast initiierte und schreibt die Buchreihe „Geheimnisse der Heimat", die 2011 startete, rasch zu einem regionalen Bestseller wurde und die 2016 in 31 Bänden vorliegt. 2012 wurde die Tageszeitung Südkurier für die Geheimnis-Reihe mit dem Deutschen Lokaljournalistenpreis der Konrad-Adenauer-Stiftung in der Kategorie „Geschichte" ausgezeichnet. 2012 begann Bast sich auch der Belletristik zu widmen. Mit „Vergissmichnicht" gab sie ihr Krimidebüt, „Tulpentanz" folgte ein Jahr später. Im Frühjahr 2014 erschien Teil 1 (Mondjahre), 2015 Teil 2 (Kornblumenjahre) und 2016 Teil 3 (Dornenjahre) ihrer zeitgeschichtlichen Jahrhundertsaga. Seit Juni 2015 ist sie Gastdozentin an der Hochschule der Medien Stuttgart. Eva-Maria Bast lebt mit ihrer Familie in Überlingen am Bodensee.

Prof. Jørn Precht absolvierte ein Studium Germanistik/Anglistik an der Universität Stuttgart und erhielt 2001 das Drehbuch-Diplom der Filmakademie Baden-Württemberg. Danach unterrichtete er Drehbuch/Dramaturgie an diversen Hochschulen und ist seit 2012 Professor für Storytelling an der Hochschule der Medien Stuttgart, wo er das IANA-Institut für Angewandte Narrationsforschung mitbegründete. Seit 16 Jahren arbeitet er als Drehbuchautor für ARD, ZDF, Pro.7, SAT.1 und RTL sowie seit 2008 als Hörspielautor für den Verlag Ernst Klett Sprachen. Er schrieb u.a. den Kinofilm „Abgefahren - Mit Vollgas in die Liebe" und mehrere Folgen der ZDF-Krimiserie „SOKO Stuttgart". Precht erhielt diverse Auszeichnungen, unter anderem den SAT.1-Talents Award 2000. 2009 wurde er von der MFG-Filmförderung für den deutschen Drehbuchpreis vorgeschlagen. Seit 2002 ist Precht Vorstand im Filmbüro Baden-Württemberg. Er lebt mit seiner Familie in Stuttgart-Degerloch.

Rätselhaft: Die Zahl am Giebel.

01

Zahl

Damit das Haus geschützt ist

Alles beginnt mit einer Leserzuschrift: Rolf Ehmann schreibt uns eine Mail mit dem Betreff „Hilferuf" und bittet darum, das Geheimnis der Zahl 786 zu lüften, die seit einigen Jahren riesengroß am Giebel des Hauses Alfdorfer Straße 4 in Gaisburg geschrieben stehe. „Alle meine Bemühungen, die Bedeutung dieser Zahl zu ergründen, waren erfolglos. Wäre diese Aufgabe etwas für Ihr Team?", fragt der gebürtige Gaisburger. Und ob! Wir suchen nach einer Erklärung dafür, was die Zahl 786 bedeuten könnte. Und werden fündig: Diese Zahl hat vor allem in Pakistan im Islam eine große Bedeutung und wird stellvertretend für „Bismillah" verwendet. Die Bismillah-Formel „Bismillahi-r-rahmani-r-rahim", die so viel bedeutet wie, „Im Namen Gottes, des Barmherzigen, des Gnädigen", hat einen Zahlenwert von 786:

b+s+m+alif+l+l+h+alif+l+r+h.+m+n+i+alif+l+r+h.+i+m =
2+60+40+1+30+30+5+1+30+200+8+40+50+0+1+30+200+8+10+40 = 786

Jeder Buchstabe bekommt einen Wert zugeordnet, wobei das kurze „i" am Ende des Wortes „rahmani" den Wert Null hat. Bei dem vorletzten Buchstaben der Formel, ebenfalls ein „i", handelt es sich hingegen um einen Langvokal, dem die Zahl 10 zugeordnet wird.

So weit, so gut. Aber was hat das Haus mit Pakistan und dem Islam zu tun? Die Vermutung liegt nahe: Dort wohnt vielleicht ein Pakistani, ist unsere erste Überlegung. Doch natürlich brauchen wir Gewissheit. Fahren hin. Die Klingelleiste ist lang, mehrere Namen stehen darauf. Wir klingeln. Von oben nach unten. Es bewegt sich ein Vorhang, aber keiner öffnet. Etwas mutlos drücken wir auf

Shabaz Khan hat die Nummer aufs Haus gemalt.

den letzten Klingelkopf – und haben Glück: Ganz oben öffnet sich ein Fenster. Ein Mann schaut heraus. Nach der Nummer gefragt, schüttelt er nur den Kopf und schließt das Fenster wieder. Uns bleibt nichts übrig, als den Rückzug anzutreten. Und dann haben wir nochmal Glück, denn auf der Straße steht ein Nachbar, und den fragen wir. Er kann uns zwar nichts zu der Zahl sagen, aber er weiß: „Dieses Haus hat mal einem Pakistani aus Kaschmir gehört. Er hat die Zahl dort oben hingemalt. Aber er hat das Haus verkauft." Ein Pakistani! Unsere Theorie scheint bestätigt. Ob er denn wisse, wo der Pakistani heute wohne, fragen wir, aber der Nachbar verneint. Er könne uns jedoch sagen, wo er arbeite, erzählt er, unweit von hier, am Bergfriedhof, habe er eine Pizzeria.

Sofort machen wir uns auf den Weg, finden einen Imbiss am Bergfriedhof, aber ein Pakistani arbeitet hier nicht. Doch die Inhaber haben eine Vermutung, um wen es sich bei dem Gesuchten handeln könnte, sind hilfsbereit – und bald stehen wir vor dem richtigen Haus. Hier verlässt uns unser Glück: Mittagspause. Aber eine Telefonnummer ist angegeben und, zurück im Büro, wählen wir sofort die Nummer. Ein Herr Khan ist am Telefon, er freut sich über Anruf und Nachfrage –

und bestätigt unsere Theorie. Die Zahl stehe wirklich für „Bismillah" und stelle das Haus damit unter eine Art Schutz. „Auch alle unsere Autos haben die 786 als Nummer", sagt er.

Wir verabreden ein Treffen, zu dem aber nicht Herr Khan, sondern sein Sohn Shabaz erscheint. Denn er war es, der die Zahl 786 an den Giebel malte. Dass die Familie es inzwischen aus finanziellen Gründen verkaufen musste, macht dem jungen Deutschen pakistanischer Herkunft schwer zu schaffen. Shabaz Khan ist in Stuttgart geboren, hier aufgewachsen und zur Schule gegangen. Sein Vater, der im Alter von 17 Jahren einwanderte, gründete die Pizzeria Avanti Avanti in der Ostendstraße, in der Vater und Sohn gemeinsam arbeiten.

2012 kaufte die Familie das Haus. Shabaz Khan steckte über eineinhalb Jahre viel Geld, Herzblut und Zeit in das Gebäude. „Das Haus gehörte vorher einem alten Mann, dem einzigen Sohn von sieben Kindern. So wie ich auch der einzige Sohn bin und sechs Schwestern habe", erzählt Shabaz Khan. Schon deshalb habe er sich dem Mann verbunden gefühlt. Bei der Sanierung merkte er aber schnell, dass die Substanz schlechter war als gedacht. Er machte trotzdem weiter. Wenn das Haus fertig wäre, sollte die Großfamilie dort einziehen.

„Aus Respekt vor dem Haus und auch, weil ich es so ins Herz geschlossen habe, sollte es unter einem Schutz stehen", erklärt er. Also stellte er ein Gerüst auf, „das allerdings sehr wackelig war, zwei Freunde haben es noch festgehalten, es musste schnell gehen". Shabaz Khan stand oben und malte die Glückszahl auf. Ihm persönlich brachte sie kein Glück, die Familie musste das Haus ja verkaufen. Darüber ist er heute noch traurig. Und trotzdem ist er zufrieden: „Es hat nun Gottes Segen", sagt er. „Er soll aufpassen auf das Haus. Es ist 130 Jahre alt, hat so viel Geschichte. Und ich finde, wenn etwas 130 Jahre alt ist, dann hat es etwas Schutz verdient."

Eva-Maria Bast

So geht's zur Zahl:

Die Zahl befindet sich am Haus in der Alfdorfer Straße 4 in Gaisburg.

Er kennt das Stuttgarter Rössle bestens: Prof. Dr. Wolfgang Schuster, ehemaliger Oberbürgermeister der Landeshauptstadt, vor Stuttgarts ältester Grundschule.

02

Stuttgarter Rössle
Wie das Wappentier Schule machte

Die Schüler sehen es jeden Tag, ihnen fällt es vielleicht gar nicht mehr auf: Über dem mit einem steinernen Löwenkopf gekrönten Schriftzug *JAKOBSCHULE* prangt auf einer Steinplatte in ovalem Zierrahmen ein schwarzes Pferd auf einem beeindruckenden Goldmosaik. Dieses steigende schwarze Stuttgarter Rössle auf goldgelbem Grund ist das Wappentier der Landeshauptstadt, wie wohl jeder Stuttgarter weiß. Aber woher kommt es eigentlich, das Pferd auf dem Wappen?

Prof. Dr. Wolfgang Schuster kennt die Stadt und ihre Rätsel besonders gut, schließlich war er von 1997 bis 2013 ihr Oberbürgermeister.

Mit seinem geschichtlichen Exkurs zum Stadtwappen kann er denn auch den Namen der Stadt erklären: „950 legte Herzog Luitolf von Schwaben einen ‚Stuotgarten', also ein Pferdegestüt, im Nesenbachtal an. Zu dessen Schutz errichtete er eine Wasserburg, aus der das heutige Alte Schloss hervorging."

1160 wird Stuttgart erstmals urkundlich erwähnt, Stadtrechte erhält es 1219. Erst knapp hundert Jahre später ist es dann so weit: „Die älteste noch erhaltene Abbildung des Stuttgarter Stadtwappens stammt aus dem Stadtsiegel des Jahres 1312", erläutert Prof. Dr. Schuster. „Dieser früh- und hochgotische Dreieckschild zeigt allerdings noch zwei Pferde. Sie sind unterschiedlich groß und schreiten nach rechts."

„Solo" wie heute taucht das Stuttgarter Rössle erstmals 1433 auf – als nach rechts galoppierendes Pferd im spätgotischen Rundschild. „Diese Wappenform diente bis ins 19. Jahrhundert als amtliches Stuttgarter Stadtwappen", erklärt der Alt-OB. Die Darstellung des Pferdes habe sich im Laufe der Jahre mehrfach geändert. Es sei schreitend, laufend, galoppierend, springend, steigend und aufgerichtet dargestellt worden.

Nur über Eines kann man sich wohl sicher sein: Pferdeäpfel werden bei den sprichwörtlich reinlichen Schwaben nie lange herumgelegen haben. 1492 lieferte Graf Eberhard im Bart (1445-1496) in seiner Stadtordnung nämlich eine frühe Version der berühmten Stuttgarter „Kehrwoche": „Damit die Stadt rein erhalten wird, soll jeder seinen Mist alle Woche hinausführen." Na dann!

Das „Stuttgarter Rössle": schwarz auf goldenem Grund.

Dennoch brach zu Beginn des 16. Jahrhunderts auch hier die Pest aus – jene Seuche, die durch Flöhe von Ratten auf den Menschen übertragen wird und die seinerzeit die halbe Bevölkerung Europas dahinraffte. Auch in Stuttgart erlagen rund 4.000 Menschen dem „Schwarzen Tod".

Was uns wieder zur Jakobsschule führt: Diese, 1884 bis 1886 von Architekt und Stadtbaurat Christoph Adolf Wolff (1832-1885) im niederländischen Renaissancestil erbaut, steht nämlich zum größten Teil auf dem 1823 aufgelassenen Jakobfriedhof. Und eben der war 1564 für die Pestopfer vor den Stadtmauern Stuttgarts angelegt worden. Laut des Baden-Württembergischen Landesamtes für Denkmalpflege war dieser umfangreiche Schulkomplex von sozialreformerischen Ideen geprägt: „Das vierstöckige Schulgebäude beherbergte anfänglich 36 Klassen für je 60 Schüler, aufgeteilt in einen Mädchen- und Knabenflügel. Die Toiletten waren damals aus hygienischen Gründen im Hof, wo auch ein Quellwasserbrunnen stand."

„Die älteste noch erhaltene Abbildung des Stuttgarter Stadtwappens stammt aus dem Stadtsiegel des Jahres 1312."

Und noch heute glänzt an der Fassade der traditionsreichen Grundschule der goldene Hintergrund des schwarzen Rössle. „Ursprünglich war seine Grundfarbe übrigens silbern", klärt Ex-OB Schuster auf. „Erst 1699 wurde der Grund in einem Wappenbuch golden dargestellt." Diese Farbe habe sich dann in Anlehnung an die württembergischen Hausfarben in der zweiten Hälfte des 19. Jahrhunderts allmählich durchgesetzt. Die heutige Form entstand am 11. April 1938 und ist seither in amtlichem Gebrauch. Auch die Stadtfarben Stuttgarts sind seitdem Schwarz und Gelb. Die Stadtflagge selbst geht dabei auf den 10. Juli 1950 zurück und wurde vom württemberg-badischen Ministerrat vergeben.

Heute begegnet man dem Rössle überall in der Landeshauptstadt. Eines hängt im Besprechungssaal des Rathauses, ein anderes ziert einen Stein im Stuttgarter Lapidarium, ein weiteres den Grabstein von Schusters OB-Kollegen Lautenschlager auf dem Waldfriedhof. Direkt unterm Stuttgarter Rathaus hängt ein Rössle über dem Eingang zum dortigen „Ratskeller", wo schon viele Wahl-Siege gefeiert – und -Niederlagen betrauert wurden. Und, und, und... Auch ein Karnevalsclub ist nach dem „Stuttgarter Rössle" benannt, ebenso ein Motorsport-Club. Apropos Motorsport: Das Stuttgarter Wappentier empfand man bei Porsche auch als perfektes Symbol für Pferdestärken und setzte es daher in den Mittelpunkt des Porsche-Wappens. Es tauchte Ende 1952 erstmals auf der Lenkradnabe auf und zierte dann seit 1954 die Fronthaube jedes Serien-Porsche – sowie seit 1959 auch Radkappen. Entworfen wurde es von Porsche-Ingenieur Franz Xaver Reimspieß (1900-1979). Händler und Kunden wünschten seinerzeit ein Wappen mit Bekenntnis zum Standort Zuffenhausen, das Unternehmen einen optischen Ausdruck von Qualität und Dynamik. Weniger begeistert waren viele Stuttgarter, dass auch das Emblem des italienischen Ferrari-Konzerns ein schwarzes Pferd auf gelbem Grund beinhaltet. Einer Theorie zufolge war das Pferd das Symbol von Baron Francesco Baracca (1888-1918), einem italienischen Flieger im Ersten Weltkrieg, der in derselben Einheit wie Enzo Ferraris Bruder Dino kämpfte. Der Legende nach habe Baron Baracca das Pferd ursprünglich von einem abgeschossenen deutschen Piloten kopiert, der das sehr ähnliche Wappen der Stadt Stuttgart auf seinem Flugzeug trug. So sei das „Rössle" von einem Stuttgarter Piloten über den Baron zu den Ferraris gekommen – zumindest angeblich.

Warum hat der frühere Oberbürgermeister sich bei dieser derart großen Auswahl von „Stuttgarter Rössle"-Darstellungen für unser Buch also ausgerechnet für jenes an der Schulfassade entschieden? „Zum einen natürlich, weil die Jakobschule Stuttgarts älteste Grundschule ist", erklärt Prof. Dr. Wolfgang Schuster – die Bildungspolitik habe ihm immer besonders am Herzen gelegen, Stuttgart verfügt als bedeutendster Bildungsstandort in Baden-Württemberg zurzeit über 11 Hochschulen sowie rund 200 Schulen, darunter etwa 170 öffentliche. „Zum anderen, weil es sich hier um eine besonders schöne Variante des Stuttgarter Rössle handelt."

Und wer es sich anschaut, der wird dem früheren Oberbürgermeister nur zustimmen können.

Jørn Precht

So geht's zum Rössle:

Die Grundschule befindet sich in der Jakobstraße 11, die man über die U-Bahnhaltestelle Rathaus erreicht. Vom an der großen Hauptstätter Straße gelegenen Gustav-Siegle-Haus aus die Jakobstraße hinaufgehen, bis sie die Katharinenstraße kreuzt.

Harald Schukraft hat dieses Zeichen schon als Schuljunge entdeckt. Der weiße Kreidepfeil wurde allerdings erst in jüngerer Zeit drübergemalt.

03

Werwolfzeichen
Symbol einer dunklen Zeit

Harald Schukraft hat es schon vor Jahrzehnten entdeckt: das merkwürdige Zeichen an einer Hauswand im Stuttgarter Westen nahe dem Schwabtunnel. Der Krieg war zwanzig Jahre vorbei, aber die Wunden, die die Stadt davongetragen hatte, waren vielerorts noch deutlich zu sehen. Der junge Gymnasiast ging mit großen Augen durch den Stuttgarter Westen, betrachtete die entstandenen Narben und dachte auch an die Erzählungen der Tante, die auf den Trümmerhaufen gespielt hatte. Und an die seiner Großmutter, die von den alliierten Fliegern ausgebombt worden war. Und schließlich an die der Mutter, die, im Rahmen der Kinderlandverschickung in den Schwarzwald gebracht, den brennenden Himmel über Pforzheim gesehen hatte.

„Das Thema des Zweiten Weltkriegs war omnipräsent bei uns, und deshalb war ich sensibilisiert", erzählt Schukraft darüber, warum er damals, 14-jährig, mit derart offenen Augen durch die Stadt ging. Ganz genau sah er sich alles an, und so entdeckte er eines Tages jenes Zeichen an einer Hauswand. „Ich wusste nicht, was es bedeutet. Damals war es noch leuchtend rot", erinnert er sich. Es ließ ihn nicht los. Er ging nach Hause und recherchierte. „Ich habe es zunächst für eine Rune gehalten und dann herausgefunden, dass es sich um das Werwolfzeichen handelt." Es besteht aus einer stilisierten Wolfsangel, durch die ein Querstrich führt. Die rote Farbe von damals kann man nur noch erkennen, wenn man das Zeichen ganz genau betrachtet. Dann sieht man dort feine rote Farbpartikel. Heute ist es dunkelgrau, man hat wohl versucht, es zu übermalen. Trotzdem ist das Zeichen noch gut erkennbar, auch dadurch, dass es erhaben ist.

Das vergessene Zeichen an der Hauswand erinnert an ein finsteres Kapitel deutscher Geschichte.

Offenbar wurde es mit dicker Farbe aufgebracht, die teilweise sogar verlaufen ist. „Es musste schnell gehen", sagt Schukraft. „Zack, ein Zeichen an der Wand als Symbol, dass es losgeht, und dann weiter." Zum Pinsel abstreifen blieb keine Zeit. Das so unscheinbare Zeichen, dem wohl kaum jemand einen zweiten Blick schenkt, sei „ein unglaublich historisches Denkmal", findet Schukraft. Etwas, das authentischer kaum sein könnte. Etwas, das geblieben ist von jenen Tagen, als Ost- und Westfront bis auf Deutschlands Grenzen zurückgedrängt worden waren. Etwas, das an „eine ganz, ganz finstere Epoche der deutschen Geschichte" erinnert. „Das Werwolfzeichen an der Hauswand stammt sicher erst aus dem April 1945 und nicht schon vom September 1944. Es war quasi ein Hinweiszeichen ‚Jetzt geht es los!', als Franzosen und Amerikaner unmittelbar vor den Toren von Stuttgart standen."

„Im September 1944 hat Heinrich Himmler die Werwolf-Aktion gestartet: SS, SA, Hitlerjugend und Funktionäre der NSDAP sollten eine Untergrundorganisation gründen, um den Alliierten in den Rücken zu fallen und Terroranschläge zu verüben", erklärt Schukraft, der das Hobby seiner Jugend längst zum Beruf gemacht hat und Historiker geworden ist. In Stuttgart gilt er als einer, der sich in der Geschichte seiner Stadt besonders gut auskennt. „Aufgabe der Werwölfe war es auch, die Deutschen davon abzuhalten, mit den Besatzern zu kollaborieren." Sie verübten Terror- und Brandanschläge, auch gegen die eigenen Landsleute, deutsche Deserteure zum Beispiel. Allzu groß war der Zulauf allerdings nicht: „Es haben sich – Gott sei Dank – nur sehr wenige gefunden, die da mitgemacht haben, aber ich habe noch Leute getroffen – hier in Stuttgart – die sich als Jungs von 15, 16 Jahren als Werwölfe bezeichnet haben und die auch bereit waren, sich zu opfern, den Alliierten in den Rücken zu fallen." Denn das war der Plan: den Feind gewissermaßen von hinten anzugreifen.

Und für die anrückenden Alliierten, die die Dimension der Partisanengruppe nicht kannten, war der „Werwolf" auch tatsächlich zeitweise ein großes Schreckgespenst. Eines, das sich immer wieder einmal erhoben hatte: Der Werwolf ist in der germanischen Mythologie bekannt. Halb Mann, halb Wolf, streift er umher, tötet und richtet Schaden an. Ein Bild, mit dem sich die, die gegen den anrückenden Feind im Untergrund kämpften, sicherlich gern identifizieren wollten. Und dann hatte Hitler, dessen Vorname die Bedeutung „edler Wolf" hat, sich ja auch den Decknamen „Wolf" gegeben. „Die Amerikaner, gerade hier im Süd-Westen, hatten eine ganz starke Phobie", sagt Schukraft. „Sie dachten, der Werwolf sei eine große Bewegung mit viel Zulauf, dabei waren es nur ganz wenige." Und die wenigen, die kämpften, waren auch nicht sonderlich erfolgreich.

Häufig waren sie sehr jung, oft rekrutiert aus der Hitlerjugend. „In Stuttgart waren die Werwölfe wohl auch von Bürgermeister Karl Strölin verboten worden", nimmt Schukraft an. Als die Amerikaner und die Franzosen im April 1945 vorrückten, wollten die Nationalsozialisten die „Festung Stuttgart" um jeden Preis halten. Für Strölin war aber klar, dass es unmöglich wäre, den Kessel zu verteidigen. Auch hätte ein letzter Kampf nur noch mehr Menschenleben gefordert und noch mehr Zerstörung in die schon so gebeutelte Stadt gebracht. Heimlich verhandelte er mit den Franzosen über eine friedliche Übergabe der Stadt und nahm damit offenbar wenigstens in den letzten Tagen noch Vernunft an. So ganz einfach war das für den Bürgermeister natürlich nicht. Er, der ja selbst ein hohes Mitglied der NSDAP-Reichsleitung war, handelte ausdrücklich dem Befehl der NS-Führung zuwider und begab sich damit in Lebensgefahr. Und die Gestapo kam ihm auch tatsächlich auf die Schliche und ließ ihn verhaften. Oder besser: erteilte Haftbefehl. Strölin wäre standrechtlich erschossen worden, wenn nicht der Funker, an den der Haftbefehl übermittelt wurde, diesen hätte verschwinden lassen.

Fast kampflos marschierten deshalb am 21. April 1945 die Franzosen ein und besetzten das linke, die Amerikaner das rechte Neckarufer. Schließlich übergab Strölin die Stadt offiziell. „Wenn so eine Werwolf-Aktion gestartet hätte, und sie hätte Erfolg gehabt, sie hätten irgendwelche Attentate verübt, dann hätte das natürlich wieder die Rache der Alliierten nach sich gezogen", kommentiert Schukraft. „Es wäre eine ständige Spirale gewesen, die wieder in Gewalt gemündet hätte." Was die jungen Menschen, die sich den Werwölfen anschlossen, damals antrieb? „Sie waren wohl verblendet", überlegt Harald Schukraft. „Die konnten das einfach nicht glauben, dass ihre gesamte Jugend umsonst gewesen sein soll. Rache und Hass, das waren die Schlagworte, die diese Jugendlichen – oder auch andere, alle Altersgruppen – zusammengebracht haben." Was wohl aus dem Menschen wurde, der das Zeichen im April 1945 an die Hauswand schmierte, in seiner Eile, ohne den Pinsel abzustreifen? Man weiß es nicht. Aber das macht eigentlich auch nichts. Für Harald Schukraft ist das Werwolfzeichen an der Hauswand nicht zuletzt deshalb so wichtig, weil es „die Beharrlichkeit von Alltagsgeschichte" aufzeigt. In ihrer ganzen Grausamkeit.

Eva-Maria Bast

So geht's zum Werwolfzeichen:

Es befindet sich am Eckhaus Reinsburgstraße/Schwabstraße – wenn man auf den Schwabtunnel zugeht an der rechten Seite – an der Hauswand, die in Richtung Schwabstraße zeigt.

Die Hausnummer 17 ist die niedrigste, die es im Straußweg gibt. Friedhelm Künemund weiß, warum.

04

Hausnummern
Welches Gebäude gehört in welche Straße?

Was für ein Durcheinander! Wer im Stuttgarter Osten im Bereich Heidehofstraße/Straußweg/Rößlinweg jemanden besuchen will, bei dem er zuvor noch nie gewesen ist, sollte etwas Zeit mitbringen. Bei manchen Hausnummern ist es nämlich gar nicht so einfach, das richtige Gebäude zu finden. Friedhelm Künemund lebt hier seit den 1970er-Jahren im Haus seiner Großeltern, die er als Kind oft besucht hat. Das heißt, er kennt die Gegend schon sein ganzes Leben lang. Und er hat sich schon manches Mal über die Anordnung der Häuser in den Straßen gewundert und Menschen, die sich verirrt hatten, den richtigen Weg gewiesen. Oder Briefe, die neue Postboten falsch eingeworfen hatten, von seinem Haus, das im Straußweg steht und die Hausnummer 46 hat, 100 Meter weit zur richtigen Adresse gebracht – in den Straußweg 46. Denn der Schein

Ein Doppelhaus mit der Hausnummer 4. Doch eine Hälfte hat die Adresse „Rößlinweg 4" und eine „Breitlingstraße 4".

trügt: Friedhelm Künemund wohnt keineswegs im Straußweg 46, sondern in der Heidehofstraße 46. Das wäre jetzt nicht so furchtbar ungewöhnlich, denn das Haus, in dem er lebt, steht an der Ecke Heidehofstraße/Straußweg – und das gibt es ja immer wieder, dass Häuser ihren Eingang zur anderen Straße hin haben.

Verwirrend ist die Situation für Menschen, die den Straußweg 40, 42, 44 oder 46 suchen. Links von Künemunds Haus befindet sich das Gebäude Straußweg 38. Fündig wird der Suchende noch weiter links, denn die Hausnummern im Straußweg steigen, von Künemunds Haus weg, auf. Zwei Häuser neben seiner Nummer 46 befindet sich also die Nummer 40 usw. Wo sind dann aber die niedrigeren Nummern im Straußweg? „Die finden sich jenseits der Einmündung der Heidehofstraße. Aber nur bis zur Nummer 17. Die Nummer 1 bis 16 gibt es im Straußweg nicht." Warum? Das erklären wir später, wenn alle Kuriositäten aufgelistet sind.

Bleiben wir zunächst einmal im Straußweg. Auf der Straßenseite, die Künemunds Haus gegenüberliegt, ist die Situation nicht weniger verwirrend oder verblüffend. Hier steht das Heidehofgymnasium: zwei Gebäude mit den Hausnummern 49 und 50. Die befinden sich rein geografisch im Straußweg, gehören aber zur Heidehofstraße. Wer das nicht weiß, hat Pech gehabt. Denn neben dem ordentlich mit der Nummer 50 beschrifteten Gymnasiums-Gebäude steht die Nummer 53. Schon wieder ein Durcheinander! Gerade Zahlen gehören auf die eine und ungerade Zahlen auf die andere Seite, so wie der eine Nachbar in der geraden und der andere in der ungeraden Woche Kehrwoche hat! Hier ist wieder, man ahnt es schon, die Tatsache Schuld, dass das Gymnasium eben nicht zum Straußweg, sondern zur Heidehofstraße gehört – und das Nachbarhaus wiederum zum Straußweg.

Ursprünglich war geplant, die Heidehofstraße dort, wo heute der Schulhof ist, zu verlängern, sodass sie auf die östlich verlaufende Planckstraße stoßen sollte. „Pläne, die nie in die Tat umgesetzt wurden; Adressen, die vergeben wurden, bevor die Straßen gebaut waren. Das ist der Grund für all die Verwirrungen!", erläutert Künemund. Das wurde ihm klar, als seine Firma, ein Unternehmen für Mikroverfilmung, um 1985 vom Stadtplanungsamt den Auftrag erhielt, alte Stadtpläne auf Mikrofilm aufzunehmen. Die Stadt habe ursprünglich auch geplant, das Gebiet, auf dem jetzt das Robert-Bosch-Haus steht, zu bebauen und zur Erschließung die Hackländerstraße dort entlangzuführen, wo sich jetzt die Tiefgarage von Bosch befindet. Die Hackländerstraße wäre also einfach in Richtung Norden weitergeführt worden. Doch dann kaufte Bosch das ganze Gelände und bebaute es 1910/11, und aus den Verlängerungsvorhaben wurde nichts. Ebenso wie aus anderen Plänen: Die Breitlingstraße hätte eigentlich viel weiter in den Norden führen sollen. Dabei hätte sie auch den Rößlinweg gekreuzt. Und hier findet sich deshalb ein weiteres Kuriosum: Die Gebäude Rößlinweg 4 und Breitlingstraße 4 sind ein Doppelhaus, obwohl die Breitlingstraße gar nicht zu dem Haus führt. Neben der Doppelhaushälfte Breitlingstraße 4 geht es dann ordentlich mit dem Rößlinweg 6 weiter.

Und noch eine Straße gibt es, die nicht zu Ende gebaut wurde: den Straußweg. Der sei als Umrundung des Areals geplant gewesen, auf dem heute die Villa Bosch steht, sagt Künemund. Durch den Bau der Villa wurden die Pläne jedoch nicht entsprechend ausgeführt, sodass der Straußweg nur ein Stückweit um das Bosch-Gelände herumführt. „Aber auch hier war es so, dass den Grundstücken schon die Hausnummern zugeordnet wurden, und weil man im Straußweg mit der Nummerierung eigentlich von der anderen Seite her beginnen wollte, die dann nie realisiert wurde, gibt es im Straußweg keine unteren Ziffern."

Eine wahrhaft komplizierte Geschichte, die einer Tatsache aber keinen Abbruch tut: Die Gegend ist wunderschön! Wer das Glück hat, hier zu wohnen, der nimmt die Kuriositäten mit den Nummerierungen der Häuser gern in Kauf. Friedhelm Künemund kann das nur bestätigen.

Eva-Maria Bast

So geht's zu den Hausnummern:

Es gibt im Bereich Heidehofstraße/Straußweg/Rößlinweg gleich mehrere kuriose Hausnummern: An der Ecke Heidehofstraße/Straußweg, am südlichen Ende des Straußwegs und im Rößlinweg.

Stuttgart 20
Wer hier Bahnhof versteht, hat verstanden

Wussten Sie, dass es in Stuttgart Streit um einen Durchgangsbahnhof gab? Ja? Wussten Sie auch, dass das vor über 100 Jahren war? Doch eins nach dem anderen – und zunächst mal zum allerersten Stuttgarter Bahnhof an der Stelle des heutigen Metropolbaus. Dass hier an der zum Schlossplatz führenden Bolzstraße einmal ein Bahnhof gewesen sein soll, mag die meisten eher erstaunen. Ist doch das Gebäude mit der Prunkfassade und Bögen im Renaissance-Stil bei den Stuttgartern eher als zentrales Lichtspielhaus erster Güte bekannt – und das schon seit fast hundert Jahren. Trotzdem: Diese schöne Fassade war tatsächlich einmal die prunkvolle Mitte der Erweiterung des ersten Stuttgarter Bahnhofs!

Einer, der das Gebäude besonders schätzt, ist Oliver Mahn, der als erster Vorstand im Filmbüro Baden-Württemberg das jährliche Landesfestival „Filmschau Baden-Württemberg" sowie das Indische Filmfestival organisiert. „Als ich 2001 anfing, waren Festivals in Stuttgart eher so ein Underground-Ding", erklärt Mahn. „Butterbrezeln im Foyer von Programmkinos oder Jugendhäusern. Für mich gehört zum Film aber schon ein wenig Glamour, daher entschied ich seinerzeit, mit der Landesfilmschau ins Metropolkino zu ziehen. Das Gebäude strahlt einfach immer noch den Glanz vergangener Tage aus." Die Rechnung ging auf: Das Publikum wuchs und wuchs, liebte den roten Teppich und die Scheinwerfer vor den Säulen des altehrwürdigen Metropol-Baus. Und heute spielen auch das Fantasy Filmfest sowie das weltweit renommierte Trickfilmfestival ihre Filme auf den Leinwänden des einstigen Bahnhofsgeländes. Dass ihnen die schönen Künste des Bewegt-Bildes in so einem schönen Rahmen präsentiert werden können, verdanken die Kinobesucher jedoch letztlich den ersten Stahlrössern der „schwäb'schen Eisebahne"!

„Dabei wäre Stuttgart um ein Haar gar nicht durch die Eisenbahn erschlossen worden", enthüllt Oliver Mahn. „Die Kessellage wurde als

Filmfestivalleiter Oliver Mahn vor dem Metropolbau mit den Überresten der Prunkfassade des in den 1860ern erweiterten Central Bahnhofs.

extrem unpraktisch für den Schienenverkehr erachtet." Tatsächlich galt Cannstatt durch seine Lage am Neckar als viel sinnvoller Standort als die Residenzstadt Stuttgart. Deshalb wurde denn auch die erste Eisenbahnstrecke nicht im Zentrum, sondern vor den Toren Stuttgarts gebaut – von Cannstatt nach Untertürkheim. Diese wurde am 22. Oktober 1845 durch König Wilhelm I. von Württemberg (1781-1864) feierlich eröffnet. „Stuttgarts Innenstadt, seinerzeit noch deutlich kleiner als heute, sollte zunächst nur durch eine Stichbahn mit Cannstatt verbunden werden", fand Oliver Mahn heraus. „Doch letztlich genügte das Wilhelm nicht, er wollte Stuttgart als Mittelpunkt seines Königreichs auch eisenbahntechnisch erstrahlen lassen."

Man beschloss daher den Bau eines „Central Bahnhofs" in der Nähe des Neuen Schlosses. „Mit der Aufgabe wurde Baurat Carl von Etzel betraut", erfuhr Oliver Mahn von seinem Vater, seines Zeichens Architekt. „Die Etzels galten als gefragte Bau-Experten. Schon Carl von Etzels Vater, der Stadtplaner Gottlieb Christian Eberhard von Etzel, war als Erbauer der Neuen Weinsteige in Stuttgart bekannt." Carl von Etzel (1812-1865) entwarf die Station als vergleichsweise bescheidenen viergleisigen Kopfbahnhof mit nur zwei Bahnsteigen und einer hölzernen Dachkonstruktion. Dazu Oliver Mahn: „Damals waren Stuttgarter Bahnhofsbauvorhaben offenbar etwas bescheidener, besser geplant und folglich auch weniger von Verzögerungen geplagt: Pünktlich zum 65. Geburtstag König Wilhelms I. wurde der Central Bahnhof eröffnet." An jenem 12. September 1846 fuhr der König, von Cannstatt kommend, durch den neu erbauten – ebenfalls von Etzel entworfenen – Rosensteintunnel in den nagelneuen Bahnhof ein. „Drei Tage später folgte dann die offizielle Inbetriebnahme des Bahnhofs und der Strecke nach Ludwigsburg."

Bis 1854 war die erste Phase des Bahnbaus im Königreich Württemberg mit Strecken nach Heilbronn, Bretten, Ulm und Friedrichshafen abgeschlossen. „Der viergleisige Central Bahnhof war für die gewachsenen verkehrlichen Erfordernisse aber schnell zu klein. Deshalb wurde er unter Leitung von Georg Morlok und dem späteren Stadtbaurat Adolf Wolff ab 1863 mit neuer Mitte verdoppelt", kommentiert Filmfestivalleiter Mahn. „Teile der 1868 fertiggestellten neuen Prunkfassade und Bögen im Renaissance-Stil sind das, was wir noch heute in den Metropol-Veranstaltungs- und Kinokomplex integriert sehen."

Doch auch diese Erweiterung reichte bald nicht mehr aus – hatte man 1890 etwas über vier Millionen Bahnreisende registriert, waren es zehn Jahre später bereits knapp siebeneinhalb Millionen. „Acht Gleise, also vier Bahnsteige, waren schon damals einfach zu wenig für Stuttgart", resümiert Oliver Mahn. „Weil aber der Standort in der Schloßstraße keinen Platz zur erneuten Erweiterung bot, fasste man den Entschluss, einen Neubau an einer anderen geeigneten Stelle zu planen. Es gab damals auch schon eine gewagte Idee: einen Durchgangsbahnhof für Stuttgart."

„Sprickerhof'scher Durchgangsbahnhof" nannte man dieses Konzept, es wurde erstmals 1901 vorgestellt. Demzufolge soll-

„Doch schon damals genügte das dem Wilhelm nicht, er wollte Stuttgart als Mittelpunkt seines Königreichs auch eisenbahntechnisch erstrahlen lassen."

ten die Gäubahn und die Schienenstrecke aus Feuerbach in drei parallelen, je zweigleisigen Tunneln in einem Gefälle von 1:100 von der Wolframstraße in einem Bogen von 300 Meter Radius durch den Kriegsberg zum geplanten Hauptbahnhof geführt werden. Dessen Empfangsgebäude sollte im Bereich des damaligen Hauptzollamtes entstehen.

„Auch damals gab es zum Konzept Durchgangsbahnhof zähe und endlose Diskussionen, sozusagen ein ‚Stuttgart 20'", kommentiert Oliver Mahn augenzwinkernd. „Und auch damals wurden Gutachten erstellt." Eine Kommission auswärtiger Sachverständiger sprach sich aufgrund zu befürchtender erheblicher Bauschwierigkeiten und einer unzureichenden Bemessung der Bahnhofsanlage gegen das Projekt aus. 1907 entschied König Wilhelm II. (1848-1921) daher, an der Schillerstraße, ganz in der Nähe des alten Gebäudes, wieder einen Kopfbahnhof (siehe Geheimnis 29) errichten zu lassen.

1911 begannen die Bauarbeiten, in der Nacht zum 22. Oktober 1922 fuhren die letzten Züge aus dem Central Bahnhof ab und die ersten erreichten den neuen Hauptbahnhof an der Schillerstraße.

„Als in den 1920er-Jahren dann der Teilabbruch des alten Central Bahnhofs begann und die einstmalige Empfangshalle sowie der Rest des Baus der neuen Stadtplanung Stuttgarts weichen mussten, wurde dort das Lichtspielhaus UFA-Palast eingerichtet: Nach dem Vorbild großer internationaler Kinos bot es nach Fertigstellung an die 7.000 Sitzplätze! Zum Glück blieb die Fassade ja zumindest zum Teil erhalten", freut sich Oliver Mahn rund ein Jahrhundert später. „Und ein Tor-Fragment wanderte gar bis nach Weil der Stadt. Der Heimatforscher Anton Gall rettete es und ließ es 1926 in die dortige Stadtmauer einbauen." Tatsächlich steht jenes Fragment seither als „Antoniustor" in der Besengasse in Weil der Stadt.

Im Zweiten Weltkrieg wurde das UFA-Gebäude in Stuttgart dann größtenteils zerstört und danach wiederaufgebaut. Der „Metropolpalast" zog ein, damals nicht nur Kino, sondern auch ein Vergnügungsetablissement mit Varieté, Restaurant, Dachgarten, Tanzcafé und vielem mehr.

Dieser Ort in Stuttgart blieb in gewisser Weise auch ohne ein- und ausfahrende Züge weiterhin ein Tor zur Welt, ein Sinnbild für Fernweh: „Der Kinobetrieb hier bringt auch heute noch ganzjährig Gesichter und Geschichten aus aller Welt zu uns", resümiert Oliver Mahn. „Und dank der diversen Filmempfänge mit vorfahrenden Limousinen, rotem Teppich, Scheinwerferlicht und Blitzlichtgewitter gibt es neben dem ‚ganz großen Kino' auch ihn hier immer noch: den ‚großen Bahnhof'."

Jørn Precht

....
So geht's zum Metropol Stuttgart 20:

Das Gebäude befindet sich gegenüber dem Seitenflügel des Königsbaus an der Bolzstraße.

Volker Karcher hat mal die Kugel gefragt, die der Froschkönig trägt. Doch auch sie wollte ihm dessen Geheimnis nicht verraten.

Froschkönig

Streicheln ausdrücklich erlaubt!

06

Wäre Volker Karcher eine Frau, hätte er den Froschkönig so lange geküsst, bis er ihm verrät, welcher Prinz sich in ihm verbirgt. Wobei, nein, das Märchen geht ja anders: Der Froschkönig verwandelt sich erst in einen Prinzen, wenn man ihn an die Wand wirft! Das aber geht bei diesem Froschkönig nicht, denn da klebt er schon – ist jedoch trotzdem kein Prinz geworden – an der Wand von Feinkost Böhm. Oft schon ist Volker Karcher an dem wirklich wunderhübschen Froschkönig vorbeigegangen und hat sich gefragt, was es mit ihm auf sich hat und warum er sitzt, wo er sitzt. Im Geschäft selbst erfährt er, es handle sich schließlich um den sogenannten „Kronprinzenbau", und vom Kronprinzen sei es zum Froschkönig ja nicht weit.

Wir wollen es genau wissen, suchen und finden den Architekten des 2007 fertiggestellten Neubaus. Der sitzt in Frankfurt, heißt Sergio

Canton, arbeitet beim Büro B&V Braun Canton Architekten und freut sich, dass jemand nach dem Froschkönig fragt. Der Architekt erzählt, wie er und sein Team zu Beginn des Bauvorhabens auf der Suche nach Baumaterialien den Steinbruch in Satteldorf besuchten. „Wir haben uns zeigen lassen, wie aus einem tonnenschweren, Millionen Jahre alten Steinrohling eine feinkannelierte Fassadenplatte entsteht", blickt Canton zurück. Und kurz vor Fertigstellung des Kronprinzenbaus habe man die scharrierte Muschelkalkfassade in ihrer Pracht bestaunen können. Was das alles mit dem Froschkönig zu tun hat? „Das Märchen vom Froschkönig erzählt von einer Verwandlung", verdeutlicht Sergio Canton. So sei kurz vor Fertigstellung des Baus die Idee entstanden, einen Froschkönig an der Fassade anzubringen. „Der Verwandlung vom rauen Steinblock zum feingeschliffenen Fassadenstein wollten wir symbolisch durch den aus Stein gehauenen Froschkönig Ausdruck verleihen." Außerdem habe man mit dem Froschkönig die Idee eines „Handschmeichlers" an der Fassade verfolgen wollen. „Ein Stück Stein also, das nicht nur zum Betrachten, sondern zum Anfassen und Streicheln gedacht ist", erklärt er. Und weiter: „Da gerade Kinder ihre Welt noch mit den Händen erfahren, musste dieser Handschmeichler auf deren Blickhöhe angebracht werden. Die Sinne zu schärfen für den Blick auf das Detail und die Handwerklichkeit darf natürlich auch bei den großen Menschen, gerade in der Architektur, niemals verloren gehen. Auch dafür steht das kleine Stein-Relief!"

Streicheln ist also erlaubt! An die Wand klatschen eher nicht. Nicht nur, weil der Froschkönig ohnehin an der Wand sitzt: Während der Froschkönig im Märchen zum Prinzen wird, hat sich hier ein Stein in einen Froschkönig verwandelt. Eine gelungene Metamorphose!

Eva-Maria Bast

So geht's zum Froschkönig:

Er sitzt am Kronprinzenbau an der Ecke Calwer Straße auf der Seite, an der sich auch der Haupteingang von Feinkost Böhm befindet. Feinkost Böhm liegt zwischen der Calwer Straße und der Kronprinzstraße.

Ronald Grätz, Generalsekretär des Instituts für Auslandsbeziehungen, vor dem ehemaligen Waisenhaus.

07

Initialen
Ideenschmiede für den Weltfrieden

DAI? Im weitläufigen baumbestandenen Innenhof des Alten Waisenhauses zwischen Charlottenplatz und Karlsplatz prangen diese geschwungenen Buchstaben am Geländer einer Freitreppe. Was bedeuten sie? Mehr über den asymmetrisch-viereckigen, heute orange verputzten Bau und seine über 300-jährige Geschichte weiß Ronald Grätz. 1958 in São Paulo geboren, ist dieser Weltbürger mit doppelter Staatsbürgerschaft seit September 2008 Generalsekretär des Instituts für Auslandsbeziehungen, das hier bereits seit 1925 seinen Sitz hat. „Ursprünglich befand sich an der Stelle hier ein herrschaftlicher Hofplatz vor der Stadtmauer. Er lag direkt am Nesenbach, der seinerzeit noch oberirdisch floss", erklärt Ronald Grätz. Der Architektur-Professor Philipp Joseph Jenisch

(1671-1736) und der Baumeister Johann Ulrich Heim (um 1669-1737) seien dann im Jahr 1705 eigentlich mit dem Bau einer Kaserne für die berittene königliche Leibgarde beauftragt worden. „1710 wurde die Residenz allerdings samt Leibgarde nach Ludwigsburg verlegt, weshalb man für den noch unfertigen Bau einen neuen Verwendungszweck suchte."

Vielen Stuttgartern ist das Gebäude noch heute unter der Bezeichnung „Altes Waisenhaus" bekannt. Und dies war seinerzeit denn auch die Funktion, die man ihm gab: „Ein Waisen-, Zucht- und Arbeitshaus. Ab 1712 beherbergte dieser barocke Bau neben Waisenkindern auch ehemalige Vaganten, Trinker, Spieler und andere arme Menschen, von denen man dachte, sie brauchten neben Ernährung auch Läuterung durch einen geregelten Arbeitstag", blickt der ifa-Generalsekretär zurück. „Von sechs Uhr morgens an gab es Gebete, Unterricht und Handarbeit."

Bis zum Umzug des Waisenhauses nach Ellwangen 1922 wurden hier rund 100.000 Bedürftige untergebracht. Danach gab es zunächst Pläne für einen vollständigen Abriss und ein neues Rathaus an der Stelle. „Dazu kam es zum Glück nicht", weiß Grätz. „Nach einem Teilabriss 1922-1924 baute Paul Schmitthenner das Gebäude stattdessen um und teilweise neu. Nach der Fertigstellung zog im Jahr 1925 die 1917 gegründete Vorläuferorganisation des heutigen Instituts für Auslandsbeziehungen e.V. ein. Aus dieser Zeit stammt auch der Schriftzug am Treppengeländer im Hof. DAI ist die Abkürzung für ‚Deutsches Auslands-Institut'".

Die Initialen „DAI" zeugen vom alten Namen – und anderen Zielen.

Der weit gereiste Unternehmer und Wissenschaftsförderer Theodor Wanner (1875-1955) gründete seinerzeit nicht nur dieses Institut, sondern auch die Süddeutsche Rundfunk AG (Sürag), die ebenfalls in dem ehemaligen Waisenhaus Quartier bezog. Dies trug bald den Namen ‚Haus des Deutschtums', mit Beginn der NS-Zeit interpretierte man die von Wanner erhoffte „internationale Orientierung" völlig anders. Ursprünglich gegründet, um das Leben der sich im Ausland befindenden deutschen Volksgruppen zu dokumentieren und auswanderungswilligen Deutschen beratend zur Seite zu stehen, wurde das Institut nun zweckentfremdet. 1936 ernannte man Stuttgart, dank des national-patriotischen Oberbürgermeisters Karl Strölin (1890-1963), zur Stadt der Auslandsdeutschen. Fortan lagen die Aufgaben des DAI primär darin, Kontakte zu Organisationen im Ausland zu pflegen, die als „volksdeutsch" galten – und dorthin die NS-Propaganda zu übermitteln. Das DAI spielte damit auch der Volksdeutschen Mittelstelle in die Hand, deren erklärtes Ziel es war, die im Ausland lebenden deutschen Volksgruppen „heim ins Reich" umzusiedeln. Der Produktionsbetrieb von Wanners Rundfunkgesellschaft Sürag im DAI-Gebäude wurde Ende 1942 eingestellt.

„Kulturarbeit ist Friedensarbeit."

„Nach dem Ende der NS-Zeit erhielt das Institut unter dem neuen Namen ‚Institut für Auslandsbeziehungen' die Chance für einen kompletten Neuanfang", erklärt der heutige Generalsekretär und Herausgeber der Zeitschrift KULTURAUSTAUSCH. Statt wie in der NS-Zeit gezwungenermaßen Deutsche in aller Welt auszumachen und nationalistisch zu infiltrieren, engagiert sich das neue Institut für Auslandsbeziehungen (ifa) seit Kriegsende weltweit für ein friedliches und bereicherndes Zusammenleben von Menschen und Kulturen. „Es geht nicht länger um deutsche Interessen, sondern um Verantwortung", freut sich Ronald Grätz. Das ifa fördert bis heute den Kunst- und Kulturaustausch in Ausstellungs-, Dialog- und Konferenzprogrammen. Beseitigt wurden auch die äußerlichen Kriegsschäden am Alten Waisenhaus. Der Besitzer, das Land Baden-Württemberg, gewährte dem ifa eine 100-jährige Erbpacht. Die Untermieter wechselten im Laufe der Jahre. Neben dem ifa beherbergte das Alte Waisenhaus nach dem Krieg Ämter, Büros, Vertriebenenverbände, einige Läden, das Planie-Kino und – bis zu deren Verbot im Jahr 1956 – die Baden-Württemberg-Zentrale der Kommunistischen Partei Deutschlands (KPD). Heute unterhalten hier neben dem ifa der Naturschutzbund Stuttgart, das „Welthaus" und weitere Institutionen, wie das Deutsch-Amerikanische Zentrum, ihre Geschäftsstellen. Außerdem sind im Bau bereits seit Jahrzehnten ein Café und ein Restaurant – mit Biergarten im Innenhof – ansässig. Das ehemalige Waisenhaus ist durch die weltweite Vernetzung des ifa zum Ort der Kultur und des internationalen Austausches geworden. „Kulturarbeit ist Friedensarbeit", fasst Generalsekretär Grätz zusammen. „Wir suchen und finden Wege zur Weltgemeinschaft, neue narrative Ideen für die globalisierte Welt." Das ifa versteht sich als Kompetenzzentrum der Auswärtigen Kultur- und Bildungspolitik. „Wir initiieren, moderieren und dokumentieren Diskussionen zu internationalen Kulturbeziehungen und sind auch eine Art Think Tank, vor allem für das Auswärtige Amt." Von diesem wird das ifa ebenso gefördert wie vom Land Baden-Württemberg und der Landeshauptstadt Stuttgart.

Und wie gefällt es dem Kosmopolit Ronald Grätz, der vor 2008 bereits in sechs Ländern gelebt und für UNESCO und Goethe-Institut gewirkt hat (außer São Paulo unter anderem in Barcelona, Moskau, München, Kairo und Lissabon) ganz persönlich in Stuttgart?

„Meine katalanische Frau und ich lieben diese bestens organisierte Stadt, das viele Grün und die hohe Lebensqualität hier", freut sich der Generalsekretär. „Und mag unser Institut mit seinen internationalen Projekten auch manchmal in Peking bekannter sein als in Stuttgart, es passt doch bestens in dieses Haus, das als Kaserne geplant wurde und dann stattdessen den Bedürftigen Bildung ermöglichte."

Jørn Precht

So geht's zu den DAI-Initialen:

Das Alte Waisenhaus liegt direkt am Charlottenplatz 17. Aus Richtung Schlossplatz gibt es ein weiteres Portal, durch das vom Karlsplatz aus ebenfalls der Innenhof betreten werden kann. Dort befindet sich die Freitreppe zum Institut für Auslandsbeziehungen, am Geländer ist der alte Schriftzug „DAI" noch immer zu sehen.

Patrick Mikolaj weiß: Dieser Schriftzug erinnert an eine süße Vergangenheit.

08

WWW

Stuttgarts einstige Schokoladenseite

Wie fortschrittlich! In einem Steinwappen, das offensichtlich älter als das Internet ist, steht es geschrieben: *WWW*. Wohl gemerkt, in Stein gemeißelt! Wobei es irgendwie nicht passt, *WWW*, die Abkürzung für's World Wide Web, in Stein zu hauen. Oder doch? Schließlich vergisst das Internet nichts! Man mag es sich schon denken, das *WWW* in diesem Wappen hat mit dem Internet nichts zu tun, die Abkürzung klang schlichtweg schon gut, bevor es das Netz gab. „Es steht für ‚Wir wollen Waldbaur'", hat Stadtkenner und Buchautor Patrick Mikolaj herausgefunden. Der junge Stuttgarter, der sich selbst als „Berufsspaziergänger" bezeichnet, hat das Wappen auf einem seiner Streifzüge entdeckt. Zuerst ist er eigentlich auf den Schriftzug aufmerksam geworden, der sich darunter befindet, *Waldbaur*. Der Name sagte ihm nichts, denn er war nur bis in die 1970er-Jahre in Stuttgart von Bedeutung. Und da weilte Mikolaj noch nicht unter den Lebenden – er wurde erst 1980 geboren. Doch er weiß, wie man recherchiert, und fand

WWW steht hier geschrieben. Doch das hat nichts mit dem Internet zu tun.

schnell heraus, dass es sich bei „Waldbaur" um eine der bedeutendsten Schokoladenfabriken der damaligen Schokoladenstadt Stuttgart handelt. Denn die Auswahl an in Stuttgart fabrizierten Schokoladen war groß: Neben Waldbaur gab es noch Firmen, die allein schon mit ihrem Klang leckeren Schoko-Geschmack auf die Zunge zaubern. Außer der noch heute beliebten Ritter Sport waren das Eszet, Moser-Roth, Friedel und Schoko-Buck. „Waldbaur war sogar mal Königlicher Hoflieferant", betont Mikolaj.

Begonnen hat alles 1848 mit den Brüdern Franz (1808-1866) und Gustav (1814-1861) Waldbaur. „Als sie ihre Firma gründeten, gab es noch nicht allzu viele Schokoladenfirmen in Deutschland", hat Mikolaj herausgefunden. „Waldbaur war einer der ersten überhaupt, der in Stuttgart Schokolade hergestellt hat." Dem Adressbuch von 1851 ist zu entnehmen, die Brüder Waldbaur besäßen „eine Dampf-Chocolade-Fabrik nach der neuesten Pariser Einrichtung, mittelst welcher die Chocolade auf das Feinste durch Granitwalzen, ohne mit Eisen in Berührung zu kommen, bereitet wird".

Die Firma startet am Calwer Tor 7, der späteren Rotebühlstraße 83. Hier stehen das Zuckermagazin und das Kesselhaus, hier wird die Schokolade gegossen und verpackt, hier befinden sich auch die Fuhrwerke für die Auslieferung. Zu Beginn des 20. Jahrhunderts ist Waldbaur gut im Geschäft. Die Schokoladenfabrik floriert, man isst Waldbaur-Schokolade in ganz Europa und sogar in Amerika. Der Betrieb ist bekannt für das Zusammengehörigkeitsgefühl, familiär soll es zugehen. Doch es wird zunehmend schwieriger, auf Erfolgskurs zu bleiben: Die Preise für Kakao steigen, Supermärkte mit Billigschokolade machen den Traditionsunternehmen Konkurrenz. 1976 wird Waldbaur vom Kölner Unternehmen Stollwerck aufgekauft. „700 Mitarbeiter mussten gehen, die gesamte Produktion wurde nach Köln verlagert", schildert Mikolaj die tragische Entwicklung.

Stollwerck gehört in Deutschland zu den Schokoladenfabriken der ersten Stunde. Mit die erste, noch heute bestehende Schokoladenfabrik war allerdings Halloren in Halle an der Saale, sie entwickelte sich aus einer Konditorei, die 1804 gegründet worden war. Auch in

Dresden war man früh dran: 1923 wurde die Schokoladenfabrik Jordan & Timaeus eröffnet, die hier dann 1939 erstmals *Milch*schokolade herstellte. In diesem Jahr, 1939, gründete der Kölner Franz Stollwerck (1815–1876) seine Mürbebäckerei, die schnell zu einem Großunternehmen wurde. Seine fünf Söhne packten mit an, machten die Firma später zum größten Schokoladenhersteller in Deutschland und kauften eben auch Waldbaur auf. Übrigens: Waldbaur-„Katzenzungen" gibt es heute noch! Kinder lieben sie ebenso wie Erwachsene – und zwar Herren *und* Damen!

Die Damen werden hier deshalb so betont, weil das Volk der Maja, die den Kakao schon um 600 anbauten, fand, als berauschendes Getränk eigne es sich nicht für Frauen und Kinder und solle Männern vorbehalten sein. Als die heiße Schokolade dann nach Europa kam – 1544 wurde sie erstmals am Spanischen Hof gereicht – war sie zunächst ein Getränk nur für Reiche: Die Inhaltsstoffe waren teuer. Es dauerte bis zur Mitte des 17. Jahrhunderts, bis man in London ein Schokoladencafé eröffnete, und erst 1673 wurde in Deutschland erstmals heiße Schokolade öffentlich ausgeschenkt. Für die breitere Öffentlichkeit erschwinglich war Kakao erst durch den Fortschritt der Technik: Der Holländer Coenraad Johannes van Houten erfand im Jahre 1828 ein ausgesprochen effektives Pressverfahren, außerdem ließen sich nun Kakaobohnen preisgünstiger importieren.

Heute muss man nicht mehr reich sein, um Schokolade zu genießen. Aber in Stuttgart bei Waldbaur, da gibt's eben keine mehr, obwohl die Firma noch besteht. „Sie ist heute eine Verwaltungs- und Beteiligungs-Gesellschaft", hat Mikolaj recherchiert. Und dank des Traditionsbewusstseins der Erben erinnert immerhin noch der Schriftzug an der Fassade an die süße Vergangenheit der Rotebühlstraße 83 bis 87.

Eva-Maria Bast

So geht's zum WWW:

Der WWW-Schriftzug befindet sich in der Rotebühlstraße 83 gegenüber dem Feuersee.

09

Loch
Das Große in den kleinen Dingen

Einfach so: ein flaches Loch, das sich beim flüchtigen Hinsehen kaum von einem Kaugummifleck unterscheidet. Nicht sonderlich aufregend? Doch! Kunsthistorikerin Andrea Welz weiß, dass sich in diesem Loch eine ganze Welt offenbart. Die Welt der Kunst, die einen frei interpretieren lässt, und die dennoch klare Botschaften hat. Denn, ja: Dieses Loch ist Kunst. Kunst, die Geschichte erzählt. „Ich bezeichne es gerne als Miniment, im Gegensatz zu Monument", sagt sie. „Geschaffen wurde das Loch 1996 von Bildhauer Micha Ullman – er nennt es ‚Abendstern‘." Ullman, geboren 1939 in Tel Aviv, war Professor an der Staatlichen Akademie der Bildenden Künste. „Er hat den Abendstern mit seinen Studenten realisiert. Und dabei hat er vermutlich niemanden um Erlaubnis gefragt, das gefällt mir besonders dran, weil es etwas so Subversives ist." Andrea Welz ist sich sicher: „Ein echtes Geheimnis, man bemerkt so ein kleines Loch in der Straße ja nicht, und wenn, dann denkt man nicht drüber nach." Es gebe nirgends eine Hinweistafel, und „das ist für mich echte Kunst im öffentlichen Raum. Man muss sie erstmal suchen, oft erkennt man sie gar nicht". Sie habe oft beobachtet, dass die Menschen in Ausstellungen nicht von Kunstwerk zu Kunstwerk, sondern von Schild zu Schild gehen. „Sie lesen, um zu verstehen."

Von Bedeutung ist für Andrea Welz auch der Standort: „Ullman hat die Kreuzung von zwei Straßen ausgesucht, die beide Sackgassen sind." Und das in Verbindung mit diesen Namen! Stauffenberg und Bolz. Claus Schenk Graf von Stauffenberg, der 1907 geboren wurde, Offizier der Wehrmacht war, als glühender Patriot galt, bis er eben das erkannte: dass der Nationalsozialismus verbrecherisch ist und in eine Sackgasse führt. Beim Attentat auf Adolf Hitler am 20. Juli 1944 war er Hauptakteur, aber das Attentat misslang, Stauffenberg wurde erschossen. Und dann Bolz. Der einstige Württembergische Justiz-, dann Innenminister und ab 1928 Staatspräsident musste seine Posten

Für Andrea Welz hat dieses kleine Loch eine große Bedeutung.

1933 räumen. Der Widerständler stand ebenfalls in Zusammenhang mit dem Attentat: Auch er wurde verhaftet und zum Tode verurteilt.

Eben an der Kreuzung dieser Straßen hat ein jüdischer Künstler einen „Abendstern" gesetzt, einen Fixpunkt. Deswegen ist diese Stelle für Andrea Welz so wichtig. „Das ist meine kleine persönliche Gedenkstätte." Sie hält inne, betrachtet das Wasser, das sich in dem Loch gesammelt hat. „Wenn Wasser darin ist, dann ist es wie ein Spiegel. Man kann die Wolken sehen, das Licht – und weil je nach dem Stand der Sonne auch die Schatten darauf fallen, ist es fast wie eine Sonnenuhr." Ja, für Andrea Welz hat dieses kleine Loch eine große Bedeutung bekommen. „Es stört nicht, man kann nicht darüber stolpern. Gut, man kann mit dem Absatz hängenbleiben, aber es ist so unaufdringlich. Es ist ein intellektuelles Kunstwerk." Viele Momente hat sie hier schon erlebt. Auch, dass sich Menschen aufregten, „weil ich hier stehenblieb und jemandem etwas über das Loch erzählte. Wie kann man über ein Loch reden?" Doch Andrea Welz ist nicht die einzige, die weiß, wie wichtig der Blick auf die kleinen Dinge ist – und der sorgsame Umgang damit. „Ich habe eine Freundin, die kommt oft hier vorbei, den Abendstern putzen", erzählt sie. „Und als 2015 der Gehweg saniert wurde, da gab es eine Reihe von Menschen, die sich um das Loch sorgten." Auch die Kunsthistorikerin hatte Angst um den Abendstern und „dass er für immer verloren ist". Andrea Welz rief bei der Stadt an, und man konnte sie beruhigen: „Man hat den Abendstern gerettet, den Standort mit GPS vermessen und eine neue Platte mit einem neuen Loch an der alten Stelle eingesetzt."

Und so leuchtet er weiterhin aus dem grauen Stein – der Abendstern des Micha Ullman.

Eva-Maria Bast

So geht's zum Loch:

Der „Abendstern" befindet sich in der Stadtmitte unweit des Schloßplatzes an der Ecke Stauffenbergstraße/Bolzstraße etwa 1,50 Meter vom Gehwegrand entfernt.

Marie-Therese und Lukas wissen: Brezeln tauchen in einer Sage über Eberhard im Bart auf, den ersten Herzog Württembergs.

Ordenskette
Von Brezel-Sagen und Ritter-Orden

Hoch zu Ross und das Schwert stolz erhoben! Die Statue des ersten Herzogs von Württemberg steht im Hof des Alten Schlosses in Stuttgart (siehe Geheimnis 02). Bei diesem Reiterstandbild des Herzogs Eberhard im Bart (1445-1496) handelt es sich um einen Guss, den der bayerische Erzgießer Ferdinand von Miller (1813-1887) in München 1859 nach dem Modell des Stuttgarter Hofbildhauers Ludwig von Hofer (1801-1887) erstellte. An seinen heutigen Standort wurde es 1865 aus dem Ehrenhof des Neuen Schlosses versetzt. So martialisch die imposante Statue auch wirkt, auf den zweiten Blick entdeckte Schülerin Marie-Therese bei einem Fototermin im Schlosshof ein Detail, das gar nicht so recht zum wilden Schlagetot passen mag: „An einer Kette am Hals von Herzog Eberhard glaubte ich, ein kleines Lämmchen zu erkennen." Fotograf und Kameramann Lukas Hoffmann, der die Schülerin an dem Tag für eine Brezelwerbung fotografierte, bestätigt: „Wir wurden ganz neugierig, warum der Graf ausgerechnet ein Lämmchen um den Hals trägt – und was es bedeutet."

Zunächst mal eine ganz andere Frage: Wieso nimmt man eine Brezelwerbung ausgerechnet vor dieser Statue auf? „Weil für Graf Eberhard ja angeblich die Brezel erfunden wurde", behauptet Hoffmann schmunzelnd. Wie das? Der schwäbischen Sage nach fiel der Uracher Hofbäcker Frieder durch üble Nachrede beim Grafen in Ungnade und sollte gehenkt werden. Frieders verzweifelte Ehefrau eilte ins Schloss und bat Eberhard um Gnade für ihren Mann. Der Graf gab Frieder noch eine Chance und erklärte: „Wenn du innerhalb von drei Tagen einen Kuchen oder ein Brot erfindest, durch welches dreimal die Sonne scheint und das mir besser schmeckt als alles, was ich kenne, dann sollst du frei sein!" Mit Hilfe seiner Frau – und seiner Katze, durch deren Schuld das raffiniert gewundene Gebäck in einen Eimer Lauge fiel – erfand der Hofbäcker in letzter Minute die Brezel. Dem Grafen muss es geschmeckt haben, und Frieder ließ seinen Herrn nun den Namen für das Gebäck selbst aussuchen. Dessen Frau, Prinzessin Barbara, soll dann das lateinische Wort für Ärmchen – bracchia – und „Brazula" für zwei verschlungene Hände gekannt haben. Der Graf erklärte dem geretteten Hofbäcker, er erwarte für den nächsten Tag einen ganzen Korb voll „Braze" zum Vesper im Schloss! „Allerdings ist die ganze schöne Geschichte in jedem Fall nur eine Sage", fand Marie-Therese heraus.

Die Ordenskette am Hals Herzog Eberhards hat eine spannende Geschichte.

„Es gab nämlich schon im Jahr 1111 ein Bäckerwappen mit Brezeln drauf – lange vor dem ollen Eberhard."

„Und ein Lämmchen kommt in der Brezel-Legende leider auch nirgends vor", ergänzt Lukas Hoffmann.

So neugierig war Marie-Therese wegen des Lämmchen-Anhängers geworden, dass sie Eberhards gesamte Biografie nach Hinweisen darauf durchsuchte. Die 15-Jährige stellte verblüfft fest: „Als ich seine Lebensgeschichte nachgelesen habe, wurde mir klar, was die Menschen damals leisten mussten – schon in dem Alter, in dem wir heute noch zur Schule gehen." Tatsächlich: Eberhard trat bereits 1459 offiziell die Regierung über die Grafschaft Württemberg-Urach an – als Vierzehnjähriger! Den Herausforderungen seiner Zeit stellte sich der junge Graf mit der Lebensdevise „Attempto" („Ich wag 's"). Im Alter von 23 Jahren unternahm er eine Pilgerfahrt nach Jerusalem, wo er und seine 24 adligen Begleiter am 12. Juli 1468 zum „Ritter vom Heiligen Grab" geschlagen wurden. Gab es da vielleicht einen Lämmchen-Anhänger zur Belohnung? So eine Art „Lamm-Gottes" am Bande – mit christlichem Hintergrund? Marie-Therese, Schülerin des katholischen St.-Agnes-Gymnasiums in Stuttgart, verneint dies. „Auch in der Pilgerfahrt-Geschichte taucht kein Lämmchen auf. Dafür wird aber Eberhards Spitzname darin erklärt." Der Legende nach gelobte Eberhard nämlich auf jener Reise, dass er sich künftig den Bart nicht mehr schneiden werde, was ihm in der Folge wohl seinen Beinamen „im Barte" einbrachte. Mit 28 heiratete Eberhard die oberitalienische Markgräfin Barbara Gonzaga von Mantua (1455-1503), die in der Sage ja der Brezel den Namen gab – und in der Realität ihrem Mann die Ideen von Humanismus und Renaissance näherbrachte. Die einzige Tochter aus dieser Ehe verstarb bereits im Säuglingsalter. Eberhard hatte noch fünf außereheliche Kinder, von denen aufgrund seiner guten Beziehungen zu Kaiser Friedrich III. 1484 zwei in den Stand versetzt wurden, als seien sie ehelich geboren.

„Was mir an Eberhards Geschichte nicht so gefällt, sind die antisemitischen Gerüchte", bemerkt Marie-Therese. Graf Eberhard galt als sehr interessiert an Literatur und Bildung: Motiviert von seiner Mutter Mechthild von der Pfalz (1419-1482), ließ er das Sindelfinger Stift nach Tübingen verlegen und begründete hier 1477 die Universität Tübingen.

Im selben Jahr veranlasste der Graf allerdings auch die Vertreibung oder Gefangennahme der in Württemberg lebenden Juden. Er rechtfertigte dies mit eigens für ihn übersetzten Prozessakten zum angeblichen jüdischen Ritualmord am Knaben Simon von Trient (1472-1475). 1965 erkannte die katholische Kirche offiziell an, dass jener Ritualmord nie stattgefunden hatte. „Heute geht man davon aus, dass Eberhards antijüdische Politik wohl eher wirtschaftlich begründet war", weiß Lukas Hoffmann. „Der durch die Vertreibung herbeigeführte Schuldenschnitt nutzte ihm auch ganz persönlich."

Lammfromm war er also nicht immer, der Eberhard. Die Lösung des Rätsels um den Anhänger verrät Lukas und Marie-Therese schließlich der „Stuttgart-Greeter" Volker Karcher, dessen liebste Freizeitbeschäftigung es ist, Wissbegierigen Fragen über Stuttgart zu beantworten. „Es handelt sich nicht um ein Lämmchen, sondern um ein goldenes Widderfell an einer Ordenskette", stellt Karcher zunächst einmal klar. „Dieses Symbol gehört zum Orden vom Goldenen Vlies, die Kette wurde Eberhard 1492 vom zukünftigen Kaiser Maximilian für besondere Dienste verliehen." Gegründet worden sei dieser Ritterorden 1430. Sein Ziel sei die Erhaltung des katholischen Glaubens, der Schutz der Kirche und die Wahrung der unbefleckten Ehre des Rittertums gewesen. „Er war der Jungfrau Maria gewidmet und hatte den Apostel und Märtyrer Andreas zum Schutzpatron." Volker Karcher macht neugierig: „Drei Jahre nach der Verleihung des Ordens wurde Eberhard dann zum ersten Herzog Württembergs ernannt." Doch das ist eine andere Geschichte, die wir ab Seite 170 erzählen.

Jørn Precht

So geht's zur Statue mit der Ordenskette:

Das Denkmal steht im Innenhof des Alten Schlosses, direkt an der Haltestelle Schlossplatz.

Oliver Mirkes streichelt dem Salamander am Brunnen über den Kopf.

Salamander
Wo einst die Buben badeten

E r sieht hübsch aus, der Salamander, der am Brunnen am Bubenband hockt. Doch weder der Brunnen noch der Salamander sind nur zur Zierde da – sie verweisen auf ein trauriges Ereignis und auf die Geschichte der Gänsheide. „Dass das Gebiet so genannt wird, hat einen Grund", sagt Oliver Mirkes, der sich im Stuttgarter Osten auskennt. „Hier haben früher zwar nicht Gänse geweidet, aber andere Tiere: Im Mittelalter war das eine Weide." Der Begriff tauche als „Gennswaidheide" 1447 auf. „Es handelte sich um eine Allmende, eine öffentliche Grünfläche." Die Tierbesitzer seien keine Haupterwerbslandwirte gewesen. „Früher hatten viele Menschen ein paar Kühe und Schweine, jedoch oft keine eigenen Grünflächen." Das Gebiet war eingezäunt, es gab Hirtenjungen, die die Pforten allabendlich zu schließen hatten.

Ein kurzer Streifzug in die weitere Vergangenheit: Besiedelt war die Gänsheide wohl schon in der Römerzeit, wie die Funde von Gebäudefundamenten und Münzen aus dem 2. und 3. Jahrhundert belegen. Die richtige Wohnbebauung begann erst im 19. Jahrhundert.

Was das mit dem Salamander zu tun hat? Bis 1900 gab es auf der Gänsheide einen alten, etwa 20 Meter langen Tümpel. „In dem haben die Hirtenjungen, gerne gebadet", erzählt Mirkes. Bis hierhin eine schöne, idyllische Geschichte. Doch nun wird es tragisch: „Um 1900 soll hier ein Junge in dem Tümpel ertrunken sein, deshalb hat man den Bereich zugeschüttet", berichtet der passionierte Naturkundler. „Da es sich ja um einen naturbelassenen Tümpel handelte, lebten darin auch Molche, Frösche und Feuersalamander."

Mit dem Bau des Salamanderbrunnens im Jahr 1912 wollte man an den Tümpel von damals und seine tierischen Bewohner erinnern. Diese Erinnerungshilfe bestand bis zum Zweiten Weltkrieg, dann verschwand der Salamander. „Man sagt, er ging verloren, ich vermute aber eher, dass er Opfer der Rüstungsindustrie wurde." Wenn dem so ist, ereilte den Salamander ein ähnliches Schicksal wie zahlreiche Kirchenglocken im Dritten Reich. Doch vergessen hat man ihn nicht: 1966 hat die auf Tierbildhauerei spezialisierte Künstlerin Lilli Kerzinger-Werth (1897-1971) den Salamander wiederauferstehen lassen.

Während Oliver Mirkes die Geschichte erzählt, kommt eine alte Frau des Wegs und nimmt auf einer der Bänke Platz, die sich rechts und links des Brunnenbeckens erstrecken. „Ich ruhe mich hier immer aus", sagt sie. „Und im Sommer planschen Kinder in dem Brunnen."

Es baden also wieder Buben hier. Und der Brunnen ist sicherlich auch nicht so gefährlich wie der Tümpel. Vorsicht ist trotzdem geboten.

Eva-Maria Bast

So geht's zum Salamander-Brunnen:

Der Brunnen steht am Albert-Goes-Platz im Stuttgarter Osten. Die U-Bahn-Haltestelle „Bubenbad" befindet sich direkt davor.

Hip-Hop-Musiker „Izzwo" vor dem malerischen Feuersee.

Gekappter Kirchturm
Kriegs-Mahnmal am Feuersee

Wunderschön! Aber da fehlt doch was? Mitten im Stuttgarter Westen erinnert der Blick über den Feuersee hinweg auf die neugotische Johanneskirche an romantische Gemälde von Caspar David Friedrich oder Karl Friedrich Schinkel. Dem schönen, sich im Wasser spiegelnden Gotteshaus fehlt jedoch seit Jahrzehnten die Turmspitze. Warum eigentlich?

Der Stuttgarter Mediengestalter André Franz, der unter dem Künstlernamen „Izzwo" auch als Hip-Hop-Musiker aktiv ist, weiß mehr über den „Dom des Westens" – und den künstlichen Teich, an dem er liegt. „Der Feuersee ist schon über 300 Jahre alt", erklärt der Rapper und Musiker. Das Gewässer wurde 1701 auf Befehl von Herzog Eberhard Ludwig (1676-1733) wegen Löschwassermangels angelegt.

Ganz bewusst wurde die im Krieg gekappte Turmspitze nicht ersetzt.

„Heute braucht man den See schon lange nicht mehr als Löschteich, es gibt zahlreiche Fischsorten darin – und manchmal eine regelrechte Plage von Wasserschildkröten, die verantwortungslose Leute hier aussetzen, wenn sie ihnen zu groß geworden sind. Seit dem 19. Jahrhundert besitzt der Feuersee eine leistungsstarke Fontäne, die den Anblick der Kirche noch schöner macht."

Und wann entstand nun dieses Gotteshaus? „Mitte des 19. Jahrhunderts", erläutert Izzwo. „Vor dem Bau der Johanneskirche hatte es rund 400 Jahre lang keine Kirchweihe gegeben. Aber das Bevölkerungswachstum machte dann den Bau nötig." Tatsächlich: Rund 45.000 evangelische Bürger zählte Stuttgart in der Mitte des 19. Jahrhunderts – doch kaum 10.000 Plätze gab es in den Stadtkirchen. „Also musste dringend eine neue Kirche her. Die Kirchenleitung fand das aber erst mal zu teuer und hielt sich vornehm zurück", recherchierte Izzwo. „Deshalb gründete ein wohlhabender Kaufmann 1858 den ‚Stuttgarter Kirchenbau-Verein'."

Jener Kaufmann namens Georg Gutbrod sammelt mit seinem Verein eine Million Gulden und gibt dann das neue Gotteshaus am Feuersee in Auftrag. Dafür wird der recht heruntergekommene, damals noch dreieckige frühere Löschteich neu angelegt. Oberbaurat Christian Friedrich Leins (1814-1892), der seinerzeit führende Architekt Württembergs, wird mit den Plänen für eine Kirche mit 1.300 Sitzplätzen beauftragt. Izzwo: „Gebaut wurde von 1864 an zwölf Jahre lang." 660 Pfähle aus dem damals noch neuen Baustoff Beton lässt Leins wegen des schlammigen Untergrundes zuvor in den See rammen. Am 30. April 1876 wird Stuttgarts erster Kirchenneubau nach der Reformation eingeweiht – der „Dom des Westens". Das Wort Dom freilich ist etwas irreführend: „So groß, wie sie wirkt, wenn sie sich im See spiegelt, ist die Johanneskirche gar nicht", erklärt der Musiker. „Die städtebaulich hervorgehobene Lage mit dem Chor auf der Halbinsel im Löschwasserteich lässt das Bauwerk größer aussehen, als es ist." Trotz dieses optischen Tricks auf der Seeseite gilt das evangelische Gotteshaus als Hauptwerk neugotischer Sakralbaukunst in Württemberg.

Und wie kam es nun zur weithin sichtbaren gekappten Turmspitze? „Im Zweiten Weltkrieg wurde die Johanneskirche schwer beschädigt", bestätigt Izzwo die Vermutung vieler Passanten und präzisiert: „Erst brannte im Oktober 1943 durch Funkenflug der Dachstuhl ab – und das Gewölbe stürzte ein." Im Frühjahr 1944 habe es dann schließlich die Spitze des filigranen Turms erwischt, so der Musiker. „Damals war er noch 66 Meter hoch – heute sind es gut zwanzig Meter weniger."

Warum aber wurde die Kirche nach Kriegsende nicht in ihrer ursprünglichen Form wiederaufgebaut? „Zunächst fehlte natürlich das Geld, und es gab wohl ein Gutachten, laut dem der komplette Wiederaufbau aus statischen Gründen schwierig sei", fand Izzwo heraus. Die zerstörten gotischen Gewölbe seien kostengünstig durch moderne ersetzt, das zerstörte Kreuzrippengewölbe im Hauptschiff abgehängt worden. Noch heute zu sehen sind die Beschädigungen an manchen steinernen Skulpturen. „Der Turm wurde nur bis oberhalb des Glockenstuhls restauriert. Darüber befindet sich eine Plattform mit umlaufender Brüstung." Und weshalb hat man daran bis heute nichts geändert? „Der Pfarrer hier hat einmal erklärt, dass das eine ganz bewusste Entscheidung war", berichtet André „Izzwo" Franz mit nachdenklichem Blick auf die malerische Feuerseekirche. „Die Johannesgemeinde versteht die ‚Kirche ohne Spitze' mit ihren sichtbaren Kriegsspuren als bleibendes Mahnmal für den Frieden."

Jørn Precht

So geht's zum gekappten Kirchturm:

Die malerische Johanneskirche ist kaum zu verfehlen. Direkt an der S-Bahn-Haltestelle Feuersee gelegen, die von sämtlichen Linien angefahren wird, steht sie rechts von der Rotebühlstraße, die von der Stadtmitte aus in den Westen hinaufführt.

Schatten im Sonnenlicht: Ein Mond-Denkmal auf dem gepflasterten Vorplatz des Schlosses.

13

Neumond

Frau Luna nimmt am Boden ab

Wie romantisch das aussieht! Auf einem Höhenrücken zwischen den Städten Leonberg, Gerlingen und den Stuttgarter Stadtbezirken Weilimdorf und Botnang thront das malerische Lustschloss Solitude. Es bietet einen atemberaubenden Ausblick nach Norden ins württembergische Unterland in Richtung Ludwigsburg. Kein Wunder, dass dieses herausragende Architekturensemble des späten Rokoko auch für Hochzeitsfotos besonders beliebt ist.

Bei einem Foto-Shooting war es denn auch, dass dem Geschwisterpaar Natascha und Alexander Franke etwas Merkwürdiges auffiel. Beide sind im Journalismus tätig, sie im Printbereich, er beim Rundfunk, und sie kennen sich in der Region eigentlich gut aus. Doch das war ihnen bisher noch nicht aufgefallen: „Ich bemerkte durch einen zufälligen Blick nach unten ein sichelförmiges, etwa vier Zentimeter kleines Loch im Boden", erzählt Natascha Franke. „Es sah aus wie eine Monddarstellung." Neugierig geworden, entdeckte ihr Bruder Alexander in einigem Abstand noch einen in die Pflastersteine gemeißelten Mond, diesmal etwas voller. „Warum befinden sich die Monde hier? fragten wir uns. Und wer hat sie eingraviert? Ich dachte zunächst an Herzog Carl Eugen, der das Schloss ja im 18. Jahrhundert bauen ließ. Der war zwar notorisch verschwenderisch, aber gleichzeitig auch äußerst kreativ."

„Doch zu keinem dieser Künstler wollte das von uns entdeckte Mondphasen-Denkmal passen."

Tatsächlich – inspiriert von der Anlage des Potsdamer Schlosses Sanssouci, soll Herzog Carl Eugen (1728-1793) die ersten Pläne für sein Sommerschloss höchstpersönlich entworfen haben. „In den Wäldern westlich der Stadt wurde es dann ab 1764 von Nicolas Guibal, Johann Friedrich Weyhing, Philippe de La Guêpière und Reinhard Ferdinand Heinrich Fischer erbaut", erklärt Franke. Die von politischen und finanziellen Widrigkeiten geprägte Bauphase dauerte sechs Jahre. In der Solitude wollte sich der Herzog fernab der politischen Ereignisse erholen. Doch ihr prunkvoller Ausbau machte sie auch zum Ort offizieller Empfänge. Nicht nur dank seiner reichen Ausstattung wurde das Schloss berühmt, sondern auch durch die Tatsache, dass in dem Komplex ab 1770 fünf Jahre lang die berühmt-berüchtigte Karlsschule Carl Eugens untergebracht war. Sie wurde wegen des dort herrschenden Drills „Sklavenplantage" genannt. Hier bildete man Friedrich Schiller zum Militärarzt aus. Und letztlich wurde er hier auch zum Dichter – wenngleich das wohl eher nicht vom Herzog beabsichtigt war. Als die Schule samt Schiller hinter das in der Innenstadt entstehende Neue Schloss verlegt worden war (siehe Geheimnis 18), zog als erster Oberaufseher der herzoglichen Hofgärten ausgerechnet Schillers Vater Johann Caspar Schiller (1723-1796) auf die Solitude. Letztlich waren die aufwändige Repräsentation und der Unterhalt des Lustschlosses aber weder finanziell noch politisch tragbar. Schon 1775 wurde die Hofhaltung deshalb von dort nach Hohenheim verlagert. In der Folge wurde das Solitude-Gelände weniger genutzt, die Gärten verwilderten. Die dort befindliche Eberhardskirche wurde abgetragen und an der Königstraße in Stuttgart wiederaufgebaut. Das Lustschloss verfiel indes zusehends. Mitte des 20. Jahrhunderts waren die Dächer verrottet, die Deckengemälde und -fresken durch Wasserschäden weitgehend zerstört. Ab 1972 wurde es mit Bundesmitteln elf Jahre lang saniert und auch die Innenräume sorgfältig restauriert – einschließlich der Fresken und Deckengemälde.

1990, gut zwei Jahrhunderte nach den Tagen der hiesigen Karlsschule, wurde in den beiden Offizien- und Kavaliersgebäuden neben dem Lustschloss eine ganz besondere Art von „Schule" untergebracht: die Akademie Schloss Solitude. Diese hat sich die Förderung des künstlerischen Nachwuchses zur Aufgabe gemacht. Zahlreiche namhafte Schriftsteller genossen an dieser Akademie bereits ein Stipendium.

Das Geschwisterpaar Natascha und Alexander Franke, beide Journalisten, mit ihrer Entdeckung. Insgesamt 29 Phasen des Mondzyklus gibt es hier.

„Doch zu keinem dieser Künstler wollte das von uns entdeckte Mondphasen-Denkmal passen", stellten Natascha Franke und ihr Bruder nach ihrem Exkurs durch die Geschichte der Solitude resigniert fest. Das Rätsel kann schließlich der „Stuttgart-Greeter" Volker Karcher lösen, ein ehrenamtlicher Gästeführer aus Leidenschaft. „Es sind insgesamt sogar 29 Phasen des Mondzyklus hier in die Pflastersteine eingraviert", erklärt er. Stimmt, wenn man genau hinsieht, entdeckt man immer mehr von ihnen! Sie sind alle in einem Kreis von 15 Metern Durchmesser angeordnet. „Diese Bodenskulptur hat der israelische Künstler Micha Ullman erst im Juni 1994 hier installiert. Der Zyklus der Monate und Jahreszeiten sowie der Kreis als geometrische Form sind ja auch die Hauptmerkmale der Architektur von Schloss Solitude. Im Geiste der Solitude, was ja auf Französisch Einsamkeit bedeutet, wollte Ullmann seine Skulptur ebenfalls durch ihre Stille wirken lassen und sie so harmonisch in die Symbolik des Schlosses einfügen."

Stuttgart-Greeter Volker Karcher zeigt das fast unsichtbare Kunstwerk. Im Hintergrund vom Torbogen aus der Blick auf die berühmte gerade Linie bis in die Residenz-Stadt Ludwigsburg.

Micha Ullman (*1939), der auch in der Innenstadt seine Spuren hinterlassen hat, (siehe Geheimnis 09), hat hier vor Schloss Solitude ein weiteres faszinierendes, fast unsichtbares Kunstwerk erschaffen. Wenn man hier Rokoko-Pracht und Aussicht genossen hat, lohnt sich vor dem Lustschloss also durchaus auch der Blick nach unten.

Jørn Precht

So geht's zum Neumond:

Die Installation Neumond befindet sich auf dem gepflasterten Vorplatz des Schlosses. Dieses hat die Anschrift Soltitude 1.

Uhrtürmchen

Garnisonsschützenhaus – bald wieder in Schuss?

*E*in viereckiger kleiner Uhrturm: Das verwitterte Zifferblatt ist auf den zwei Seiten, die Uhren aufweisen, nicht mehr zu erkennen. Die Zeiger sind zu unterschiedlichen Zeiten stehen geblieben. Die Satteldächer des Türmchens tragen in der Mitte auf einem schmiedeeisernen Ständer eine kleine Glocke. Obwohl dieser Dachreiter mit Uhren und Glocke sich in der Nähe des Dornhaldenfriedhofs befindet, gehört er nicht zu einer Kapelle. Vielmehr thront er auf der Vorderfront des Daches eines 1894 erbauten kleinen Fachwerk-Schlösschens am Waldrand. Mit dem nahen Friedhof hat das rote Ziegelsteingebäude mit den grünen Fensterläden und dem Uhrtürmchen nichts zu tun, den gab es im 19. Jahrhundert noch gar nicht. Wem schlug hier die Stunde? Wann läutete das Glöckchen?

Bei einem Spaziergang entlang des Stuttgarter Blaustrümpferwegs entdeckte Christian Dosch das leerstehende Gebäude. „Plötzlich standen wir an diesem besonderen Ort, der damals – zumindest für uns – keinen Namen hatte", erinnert er sich. „Er wirkte aus der Zeit gefallen und hat unsere Phantasie angeregt." Christian Dosch war seinerzeit als Leiter der Film Commission Region Stuttgart auch für spannende Drehorte zuständig. „Mir war es etwas peinlich, dass ich so gar nichts dazu erzählen konnte", gesteht er nachträglich. Damals hat Dosch dann eine erste Onlinerecherche gestartet und ist über den Straßennamen „Auf der Dornhalde" und eine Liste geschützter Kulturdenkmäler im Internet auf den Namen des Gebäudes gestoßen: „Garnisonsschützenhaus".

So begeistert war Christian Dosch von der besonderen Atmosphäre dieses Ortes, dass er zum Sprecher einer Gruppe Stuttgarter Kreativer, Ökologen, Architekten und Anwohner wurde, die das Gebäude vor dem Verfall retten und einem neuen Zweck zuführen wollen. „Auch dank der Unterstützung engagierter Historiker wissen wir als Initiative mittlerweile relativ viel über die Geschichte dieses Ortes", erklärt Dosch.

Die beiden Uhren gehen jeweils nur zweimal am Tag richtig. Im Hintergrund Stuttgarts Wahrzeichen: der Fernsehturm.

Das Garnisonsschützenhaus war ursprünglich Teil des Schießplatzes Dornhalde der Königlichen Garnison Stuttgart. Bis ins 14. Jahrhundert befand sich in der Nähe eine Höhenburg, an die heute nur noch der Name „Burgstallstraße" im Heslacher Tal und das Waldgebiet „Burgstall" erinnern. Der Schießplatz der Königlichen Garnison Stuttgart wurde 1858 angelegt. Der hiesige Flurname „Dornhalde" bezeichnet einen mit Dorngesträuch bewachsenen Hang. „Nach den Plänen des Königlichen Garnisonsbaumeisters Julius Holch wurde 1880 das weiß geschindelte Nebengebäude erbaut, das als Wache und Wohnung für den Schießplatzaufseher diente", weiß Christian Dosch. „Der Oberamtsbaumeister Zimmermann unterzeichnete diese Pläne. In den Jahren 1893 und 1894 wurde das eigentliche Garnisonsschützenhaus, also das Backsteingebäude auf der Dornhalde 1a, nach den Plänen des Königlichen Garnisonsbauinspektors Schneider erbaut."

Christian Dosch vor dem ehemaligen Garnisonsschützenhaus auf der Dornhalde.

Das Garnisonsschützenhaus beherbergte die Kantine, die Offizierszimmer und die Scheibenwerkstatt des Militärschießplatzes. Die beiden Uhren am Dachreiter dienten zur Einhaltung der Schießzeiten, bisweilen mahnte wohl auch die Sturmglocke zum Beenden der Schießerei. Zu dem Gebäudeensemble gehörten auch mehrere Hilfsgebäude wie Pferdestall, Waschküche sowie Magazine für Geräte, Zielscheiben und Pulver. Erhalten sind bis heute ein Geräteschuppen und ein Gerätemagazin.

Der Schießplatz verfügte über neun 400-Meter-Schießbahnen. „Vermutlich wurden die Gebäude auch in der Weimarer Republik und während der Nazizeit militärisch genutzt, dies ist bisher leider nur in Teilen aufgearbeitet", meint Dosch. In der Nazizeit seien auf dem Schießplatz auch Todesurteile an „politisch missliebigen Personen" vollstreckt worden. „So wurde der ‚Zeuge Jehovas' Gustav Stange 1942 auf der Schießbahn erschossen, weil er sich standhaft weigerte, seinem

Stellungsbefehl nachzukommen. Und 1944 richtete man den Chordirektor und Organist Ewald Huth hin – wegen seiner freimütigen öffentlichen Warnung vor dem Nationalsozialismus."

Nach dem Zweiten Weltkrieg absolvierten amerikanische Soldaten, aber auch die Polizei ihre Schießübungen auf dem Schießplatz. Das Garnisonsschützenhaus ging in Bundesbesitz über. 1974 entstand auf diesem Terrain der heutige, neun Hektar große Dornhaldenfriedhof. Die Stadt Stuttgart erwarb Grundstück und Gebäude vom Bund und vermietete letzteres an einen Friedhofsmitarbeiter, der dort mit seiner Familie fast 40 Jahre lang wohnte.

Dosch nennt einen Grund, wegen dem ganz Deutschland 1977 auf den Dornhaldenfriedhof neben dem Garnisonsschützenhaus blickte: „Der damalige Oberbürgermeister Manfred Rommel ließ hier trotz einiger Proteste die RAF-Mitglieder Andreas Baader, Gudrun Ensslin und Jan-Carl Raspe bestatten. Auf dem Dornhaldenfriedhof befinden sich außerdem die Grabstätten des Philosophen Max Bense sowie der Schriftsteller Margarete Hannsmann und Peter O. Chotjewitz."

Heute sind auf dem Friedhof zwei Längswälle der Schießplatzanlage erkennbar, die zur Trennung der Schießbahnen dienten. Seit 2011 steht das Garnisonsschützenhaus leer. Welche Nutzung wünscht sich die Initiative, deren Sprecher Christian Dosch ist? „Wir möchten ein ‚Haus der Stille' schaffen, einen öffentlichen Raum, der Innehalten, Besinnung und Einkehr ermöglicht. Der Wandel von der Unruhe zur Ruhe, der das Garnisonsschützenhaus prägt, soll zur Erfahrung und Inspiration der Gäste werden. Wir wollen mit der Gründung einer Bürgergenossenschaft ein Beispiel für die Rettung eines Kulturdenkmals durch das Engagement von Bürgerinnen und Bürgern geben."

Tatsächlich wäre es ein Modellprojekt für einen nachhaltigen Umgang mit Baudenkmälern in Stuttgart, wenn dort, wo einst Schüsse hallten, bald Stille und Einkehr möglich sind.

Jørn Precht

So geht's zum Uhrentürmchen:

Die Adresse lautet: Auf der Dornhalde 1a.

Säulen am Königsbau
Platz für die Frauen!

*E*s ist ein ausgesprochen beliebter Platz: Auf den Stufen vor den Säulen des Königsbaus lässt es sich prima sitzen, um den Blick auf das gegenüberliegende Neue Schloss zu genießen. Und wenn's zu regnen beginnen sollte, ist das auch kein Problem: Dann kann man flugs zwischen den Säulen hindurch ins Trockene schlüpfen, in den Königsbaupassagen shoppen gehen oder bei Kaffee und Kuchen abwarten, bis das Unwetter vorbei ist. Keine der Frauen, die diesen Weg nimmt, und sei sie noch so beleibt, wird sich wohl darüber Gedanken machen, ob sie auch zwischen den Säulen hindurchpasst.

Das war früher anders. Oder besser: Es wäre anders gewesen, wenn König Wilhelm I. (1781-1864) nicht zwei so kluge und an die Damenwelt denkende Berater gehabt hätte – Christian Friedrich von Leins (1814-1892) und Hofbaumeister Johann Michael Knapp (1791-1861). „König Wilhelm I., der ja um die 50 Jahre in Stuttgart regierte, wünschte Pariser Pracht in seiner Stadt", erzählt Heimatkenner Volker Karcher. Deshalb habe der König den Schloßplatz nach dem Vorbild der Place de la Concorde gestalten lassen. „Und sozusagen als Pendant ließ er den Königsbau in den Jahren 1855 bis 1859 errichten." Es sollte ein Bauwerk sein, in dem Veranstaltungen stattfinden können und das zudem über eine Ladengalerie sowie über Wohnungen verfügt.

Seine Architekten machten sich eifrig ans Werk. Es war Johann Michael Knapp, der die Säulenhalle vorschlug, was dem König gut gefiel. Dennoch war er enttäuscht. „Er wollte mehr Säulen – mehr Säulen bedeuteten mehr Pracht", erklärt Karcher den royalen Wunsch. Hätte der König seinen Kopf durchgesetzt, wäre es für die Damenwelt eng geworden, denn damals waren Reifröcke in Mode. Und selbige waren bekanntlich ausladend. Als der Königsbau errichtet wurde, trug man (ab 1830) diese Reifröcke als „Krinoline". Das Wort leitet sich vom französischen *crin* ab und bedeutet Rosshaargewebe. Der Unterrock der Damen war nun mit Rosshaar verstärkt, bisher hatte man mehrere

Volker Karcher hätte zu keiner Zeit Probleme gehabt, zwischen den Säulen durchzukommen. Damen mit Reifröcken ging es da anders – zumindest beinah!

Stoffunterröcke übereinander getragen. Eine Variante war ab 1856 die Federstahlbandkonstruktion, die sich gegen Fischbein und aufblasbare Gummischläuche durchgesetzt hatte. Das Ergebnis war allen Reifröcken gemein: Sie waren ausladend, um 1868 hatte die Krinoline einen Umfang von sechs bis acht Metern, was einem Durchmesser von 1,80 bis 2,50 Metern entspricht.

Inzwischen war der Hofbaumeister krank geworden, weshalb man ihm den Architekten Friedrich von Leins zur Seite stellte. Nach Knapps Tod übernahm er die Bauleitung für den Säulenbau. „Leins war es dann auch, der den König auf die Problematik mit der Mode hinwies", erzählt Karcher. „Er riet dem König von mehr Säulen ab – mit der Begründung, die Damen würden dann mit ihren Reifröcken nicht durch die Zwischenräume zwischen den Säulen kommen. Der König wünschte Damenbesuch und ließ sich überzeugen", schmunzelt Karcher. Vielleicht erschreckten ihn auch die vielen Unfälle, die es vor allem in den ersten Jahrzehnten der Reifrockmode gegeben hatte. 3000 Frauen sollen allein in Großbritannien gestorben sein, weil ihr Rock Feuer gefangen hatte. Auch gab es zahlreiche Unfälle, weil sich Röcke in Wagenrädern verfingen. Wobei beide Gefahren in Stuttgart freilich auch dann nicht gegeben gewesen wären, wenn die Säulen enger gestanden hätten. Die Damen wären nur einfach nicht dazwischen hindurchgekommen. Und das will man ja nicht bei einem Gebäude, das neben mehreren Festsälen – in den größten passten über 2000 Personen – auch Geschäfte beherbergte, die naturgemäß schon immer die Frauen besonders angezogen haben.

Nach König Wilhelm I. hätte der Königsbau noch mehr Säulen haben können.

Zu Gunsten der Damen verzichtete Wilhelm I. nun also auf einige Säulen an seinem 500.000 Gulden teuren und 114 Meter langen Bau und ließ die verbleibenden mit einem Abstand von etwa, wie Karcher nachgemessen hat, 1,96 Metern setzen. Wobei sich die ionischen Säulen mit zwei Portiken, die mit korinthischen Kapitellen geschmückt sind, angenehm abwechseln. Die Damen kamen also auch nach der damals neuesten Mode hindurch. Kurz nach dem Tod des Königs im Jahre 1864 hätten sie dann aber auch durch enger stehende Säulen gepasst: Um 1870 kam die Tournüre in Mode und löste die Krinoline ab. Der Reifrock umspannte nun nicht mehr die ganze Frau, nur das Gesäß wurde durch Halbgestelle aus Stahl, Fischbein oder Rosshaar betont – und um 1888 war es dann vorbei mit der bauschigen Pracht.

Heute muss sich niemand mehr Gedanken darüber machen, ob er – respektive sie – durch die Säulen passt. Selbst beleibtere Menschen haben bequem Platz. Aus der Perspektive der Nachwelt betrachtet, hätte sich Wilhelm I. also doch mehr Säulen gönnen können. Aber die Damen mit ihren Reifröcken waren seinerzeit bestimmt dankbar für diese Entscheidung Seiner Majestät.

Eva-Maria Bast

So geht's zu den Königsbau-Säulen:

Die Königsbau-Passagen befinden sich mitten in der Königstraße gegenüber dem Schloßplatz.

Loriot-Säule
Der gemopste Mops

Was für ein Panorama! Der Eugensplatz bietet einen der schönsten Aussichtspunkte auf den Stuttgarter Stadtkessel. Seit 2013 gibt es hier eine weitere Attraktion: ein Denkmal für eine der Hauptsäulen des deutschen Humors: Vicco von Bülow alias Loriot (1923-2011). Warum aber steht die Säule aus Auerkalk zum Gedenken an den 2011 verstorbenen Humoristen in Stuttgart – wo er doch in Brandenburg an der Havel geboren wurde und in Ammerland starb? Mehr über das Denkmal, das Loriot als „Komiker von Gottes Gnaden" ehrt, weiß die Schauspielerin Angela Neis. Die stand seit 2006 mit „Loriots dramatischen Werken" schon des Öfteren auf der Bühne des Studiotheaters – und liebt seinen ironischen Humor. „Hier in der Haußmannstraße 1 steht das Haus, in dem die Familie von Bülow ab 1938 wohnte. Sohn Vicco ist in Stuttgart zur Schule gegangen. Er besuchte das Eberhard-Karls-Gymnasium, absolvierte dort 1941 das Notabitur. Außerdem stand er hier als Komparse erstmals auf einer Theaterbühne und vor einer Filmkamera." Vom hiesigen Süddeutschen Rundfunk aus begann denn auch Vicco von Bülows Karriere als Schauspieler und Komiker.

Kein Wunder, dass Stuttgart stolz ist. Die Anregung zum hiesigen Denkmal lieferte der Stuttgarter Schriftsteller und Historiker Gerhard Raff, der mit Loriot befreundet war. Dank einer Stiftung von Volker und Christa Merz schuf der Bildhauer Uli Gsell eine griechische Säule mit Inschriften und dem Familienwappen der von Bülows. Am Dienstag, 12. November 2013, dem Tag, an dem Loriot 90 Jahre alt geworden wäre, wurde die Gedenksäule am Eugensplatz feierlich enthüllt.

Hundefreund Loriot hatte den berühmt gewordenen Satz geprägt: „Ein Leben ohne Mops ist möglich, aber sinnlos." Angela Neis erinnert sich: „Auch bei der Enthüllung hatten einige Gäste ihren Mops mitgebracht." Und kurz darauf setzte der Betreiber des Blogs „Kessel.TV" in einer Guerilla-Aktion einen goldfarbigen Stein-Mops auf die Säule.

Schauspielerin Angela Neis umarmt das wieder vollständige Loriot-Denkmal.

Viele, die die Säule bisher für zu nackt gehalten hatten, waren daraufhin sehr zufrieden: Die Stuttgarter liebten Loriots Mops! „Irgendwer liebte die Hundefigur allerdings zu sehr", erklärt Angela Neis. „Schon am Nachmittag des 4. Dezember 2013 wurde der Mops gemopst." An jenem Dienstagnachmittag sei ein anonymer Hinweis zum Fehlen des Mopses eingegangen, erklärte seinerzeit eine Polizeisprecherin gegenüber der „Stuttgarter Zeitung". Daraufhin sei eine Streife am Eugensplatz vorbeigefahren. Die Beamten stellten fest: Die Säule war tatsächlich Mops-los. Das Ordnungsamt habe ihn nicht weggeräumt, versicherte daraufhin ein Sprecher der Stadt Stuttgart: „Wir sind unschuldig." Die Täter wurden nie gefasst, der Mops blieb verschollen.

Die große Empörung, die daraufhin in der Bevölkerung um sich griff, endete mit einer Spendensammlung für einen Ersatz-Mops, zu der auch Oberbürgermeister Fritz Kuhn aufgerufen hatte. Die neue Plastik wurde wie schon die Säule von Uli Gsell erschaffen, ist ganz aus Bronze, wiegt stolze sechs Kilo und kostete laut „Stuttgarter Zeitung" etwa 5.300 Euro. Damit sein „Mops für die Ewigkeit" auf dem Denkmal in 2,75 Meter Höhe sicher steht, jedem Wetter und auch Dieben trotzt, verankerte ihn Künstler Gsell besonders gut. Am 6. Mai 2014 wurde der Mops seiner Bestimmung übergeben. Illustre Gäste fanden sich zur Enthüllung der Bronzeskulptur ein: unter anderen der Kabarettist Christoph Sonntag, Weltraumfahrer Ulf Merbold und der Säulen-Initiator Gerhard Raff. Auch OB Kuhn war vor Ort und erklärte, Loriot'sche Ironie tue den Menschen gut und fördere die Gesundheit.

„Die feierliche Mops-Enthüllungs-Zeremonie erhielt von den Veranstaltern denn auch einen passenden Namen", berichtet Angela Neis schmunzelnd: „Flashmops!"

Jørn Precht

So geht's zur Loriot-Säule:

Die Säule steht direkt am Eugensplatz, wo sich eine Haltestelle der U-Bahn-Linie 15 befindet. Mit dem Auto von der Innenstadt aus am Olgaeck links den U-Bahn-Schienen folgen.

Hans Martin Wörner weiß als gelernter Schriftsetzer genau, was dieses Zeichen bedeutet. Er weiß auch, wie dieser Schriftzug entstanden ist – und dass er schon sehr alt ist.

Pfennigzeichen
Lohnforderung aus dem Jahr 1963

Auf den ersten Blick wirkt es wie Schmiererei. Irgendein Schriftzug, mit dem Pinsel an die Wand gemalt. Und Schmiererei ist es streng genommen auch – aber eine ganz besondere, eine, die die aufgebrachte Stimmung im Mai des Jahres 1963 zum Ausdruck bringt. Und damit ist es keine Schmiererei mehr, sondern ein wichtiges historisches Relikt. Hans Martin Wörner weiß, in welchem Zusammenhang es dort hingelangte: „Wir sind hier in der Dornhaldenstraße, das ist eine Begrenzungsstraße vom ehemaligen Betriebsgelände der Stuttgarter Zeiss-Ikon-Werke, in der Kameras hergestellt wurden", sagt er. „Man kann es heute nicht mehr so gut lesen, aber dort steht: 20 Pfennig und nicht weniger", erklärt der Stuttgarter. „Das Zeichen hinter der Zahl bedeutet die Abkürzung für Pfennig. Es ist das kleine ‚p' der ehemaligen Kurrentschrift." Das weiß Hans Martin Wörner deshalb so genau, weil er Schriftsetzer gelernt hat und in der Zeit, in der der Schriftzug an der Wand entstand, gerade in der Lehre war – bei einer Druckerei, deren Arbeiter bei der IG Druck und

Papier organisiert waren. „Die Setzer und Drucker sahen die Metallarbeiter als Vorkämpfer", erklärt er. „Die IG Metall forderte soziale Verbesserungen und mehr Lohn. In diesem Zusammenhang hat irgendjemand die Forderung nach 20 Pfennig mehr Lohn in der Stunde an die Wand geschrieben. Im Vorbeigehen quasi."

Der Streik 1963 erfasste ganz Baden-Württemberg. Hunderttausende in unzähligen Betrieben legten ihre Arbeit nieder, die Arbeitgeber reagierten mit einer sogenannten „Kalten Aussperrung", von der insgesamt 270.000 Menschen betroffen waren. Das bedeutet, sie wurden ohne Lohnfortzahlung von ihrer Arbeit freigestellt. Der Spiegel schrieb damals: „Zum Maienanfang (...) sperrten 800 baden-württembergische Unternehmer ihre Lohnempfänger aus, nachdem die Industriegewerkschaft Metall am 29. April einen Teil der Werke durch Streik lahmgelegt hatte." Und weiter: „Der Feiertag der Arbeit, gedacht zur festlichen Demonstration für sozialpolitische Forderungen und für Frieden und Völkerverständigung, wurde zu einer Demonstration des Klassenkampfes, bei der es weder festlich noch friedlich zuging." Der Spiegel zitiert den „Stuttgarter Bezirksleiter der IG Metall, Willi Bleicher, 55", der damals feststellte: „Hier sollen freie Arbeiter in einem demokratischen Land zu Untertanen erniedrigt werden."

Schmiererei? Ja, aber eine aus dem Jahr 1963!

Dieser Willi Bleicher (1907-1981) spielte eine zentrale Rolle: Der Gewerkschafter, der zunächst Mitglied in der KPD und dann in der KPO gewesen war, hatte während des NS-Regimes mehrere Jahre im Konzentrationslager Buchenwald verbringen müssen. Als IG-Metallchef führte er den Streik um die Lohnerhöhung nicht nur an, sondern auch zum Erfolg. Auf der anderen Seite stand Hanns Martin Schleyer (1915-1977), der die Arbeitgeber vertrat. „Sie müssen sich vorstellen, der Ortschef der IG Metall Willi Bleicher, der im Dritten Reich im KZ gesessen hatte. Und auf der anderen Seite kämpfte der einstige SS-Mann Hanns Martin Schleyer, der im Nationalsozialismus SS-Untersturmführer gewesen war. Da gab es von daher schon unheimlichen Ärger. Und mitten drin sind halt die Arbeiter gestanden", kommentiert Hans Martin Wörner.

Die Gewerkschaft bekam nun Zulauf: Viele Tausende, die bis dahin nicht in der IG Metall organisiert waren, wurden Mitglied in der Hoffnung, nun, da kein Lohn mehr gezahlt wurde, Unterstützung zu bekommen – trotz der eigentlich geltenden dreimonatigen Sperrfrist. Der Spiegel bemerkte: „Besonders schwer wird die Aussperrung jene treffen, die in den vergangenen Tagen und Wochen nicht der Gewerkschaft beigetreten sind. Ein Anrecht auf Arbeitslosengeld haben sie nicht: Paragraph 84 des Arbeitsvermittlungs- und Arbeitslosenversicherungsgesetzes verbietet den Arbeitsämtern, durch finanzielle Zuwendungen in den Lohnkampf einzugreifen." Hans Martin Wörner sagt: „Trotzdem war der Streik vor allem ein Schaden für die Industrie. Die Streikkassen waren zum Glück gut gefüllt, sodass die Leute halbwegs über die Runden kamen, bis auf die, die nur kurze Zeit da waren – und das waren vor allem die Gastarbeiter. Es waren damals ja die ersten Italiener und Griechen da." Wörner, damals Lehrling, heute Pensionär, hat nicht gestreikt: „Wir hätten nicht streiken dürfen", bekennt er. „Wir Lehrlinge wären auch gar nicht auf die Idee gekommen. Da war der Chef noch der Patron." Aber an die Stimmung erinnert er sich noch gut. „Es kämpften eben noch alte Klassenkämpfer. Die Gewerkschafter waren ja in der Nazi-Zeit verfolgt worden, und es brachte sie umso mehr auf, dass in gewissen Positionen in Politik und Wirtschaft immer noch Nazis saßen." Und er weiß auch, wie viel die 20 Pfennig Lohnerhöhung, welche die Arbeiter forderten und ihre Forderung eben auch mit dem Schriftzug an der Hauswand artikulierten, in jener Zeit waren: „Damals haben die bestbezahlten Leute fünf, höchstens sechs Mark die Stunde bekommen, da waren 20 Pfennig mehr dann halt schon was."

Die Arbeiter in Heslach haben ausgesprochen gern in dem Zeiss-Ikon-Contessa-Werk gearbeitet und generell sei die Stimmung schon auch von Zufriedenheit geprägt gewesen: „Das war ein sehr soziales Unternehmen", stellt Hans Martin Wörner fest. Die Arbeiter lebten teilweise im nahegelegenen und heute noch bestehenden „Eiernest", das sind hinreißende kleine Häuschen. Anfang des 20. Jahrhunderts wurden sie mit der Pferdekutsche vom Bahn-Haltepunkt Heslach geholt und dort wieder hingebracht. „Die Unternehmer haben halt geschaut, dass sie Leute von den Fildern und aus dem ‚Gäu' zum Arbeiten herbekommen", blickt Wörner zurück.

In den 1960er-Jahren, also in der Zeit, in der sich der Streik ereignete, habe die Firma 4000 Beschäftigte gehabt. Neun Jahre existierte sie nach dem Streik noch, dann, 1972, schloss die Stuttgarter Niederlassung ihre Pforten: „Das war natürlich das große Fiasko, dass die Firma verschlafen hat, rechtzeitig ihre Kameras in Funktion und Produktion auf Elektronik umzustellen", sagt der Schriftsetzer, der später viele Jahrzehnte lang an der Akademie der Bildenden Künste auch als Fotolehrer unterrichtete. Er bedauert die damalige Entwicklung noch heute: Immerhin sei eine Zeiss-Ikon-Contarex-Camera, also genau so eine, wie sie im Stuttgarter Werk hergestellt wurden, einst mit im Weltall gewesen. „Wenn man bedenkt, was für präzise, hoch feinmechanische Geräte die da hergestellt haben. Das kann man sich kaum mehr vorstellen, wo alles elektronisch geht, was das damals für Spezialisten waren!", staunt Hans Martin Wörner noch heute.

„Wenn man versucht, sich eine 500stel-Sekunde vorzustellen, welche das Öffnen und Schließen eines Loches mit einem mechanischen ‚Kamera-Zentralverschluss' ermöglichte, entlässt uns dies in die Seligkeit des Nichtwissens! Ohne die elektronische Massenproduktion ging damals die ganze europäische Fotoindustrie den Bach runter, auch andere Firmen überall in Deutschland."

Umso anrührender sei es, sagt Hans Martin Wörner, dass sich aus diesen letzten Jahren noch ein Schriftzug an der Hauswand findet, der von einer sehr bewegten Zeit kündet.

Wo er recht hat, hat er recht.

Eva-Maria Bast

So geht's zum Pfennigzeichen:

Der Schriftzug „20 Pfennig und nicht weniger" befindet sich an der Hauswand Ecke Dornhalden-/Eierstraße 38.

Gabriele Aichele (links) und ihre Tochter Charlotte vor dem Giebelrelief der Hohen Karlsschule.

Giebelrelief
Hohe Karlsschule und Hofbibliothek

Vorne hui, hinten pfui? Auf das Neue Schloss in Stuttgart trifft das keinesfalls zu. Es hat zwar eine prächtige Fassade, aber auch auf der Rückseite eine wenig beachtete, hübsche Überraschung zu bieten. „Ich dachte eigentlich, die Fakten zum Neuen Schloss alle zu kennen", erzählt die Stuttgarter Bibliothekarin und Kinderbuchautorin Gabriele Aichele. Sie hatte sich getäuscht. Ihre Tochter Charlotte wies sie nämlich auf ein ihr völlig unbekanntes Relikt an der Gebäuderückseite hin, welches sie zufällig entdeckt hatte.

Doch zunächst zu den besser bekannten Daten über das Neue Schloss: gebaut nach französischen Vorbildern 1746 bis 1807. „Die mehr als 60-jährige Bauphase erklärt, warum sich am Gebäude sowohl Barock- als auch Rokoko- und frühklassizistische Elemente finden lassen", erklärt Gabriele Aichele, und ihre Tochter Charlotte ergänzt mit ihrem Schulwissen: „Mitte des 18. Jahrhunderts war der Herzogswohnsitz noch in Ludwigsburg, also über zehn Kilometer von Stuttgart weg." Für eine Rückkehr der Residenz nach Stuttgart stellte der notorisch verschwenderische Herzog Carl Eugen (1728-1793) der Stadt als Bedingung den Bau einer „angemessenen Unterkunft" als Nachfolger für das Alte Renaissance-Schloss (siehe Geheimnis 02).

Nun aber zu Charlottes Entdeckung an der Gebäude-Rückseite: Etwas versteckt unter der dortigen großen Treppe befindet sich ein kunstvoll gestaltetes Relief mit Waffen und einem Wappen. Darunter ist zu lesen: GIEBELRELIEF VOM PHULL'SCHEN PAVILLON DER HOHEN CARLSSCHULE. Carlsschule? Hier? „Ich hatte die Karlsschule bisher immer auf Schloss Solitude vermutet", wundert sich Gabriele Aichele. Und tatsächlich wurde die Karlsschule 1770 von Karl Eugen als militärische Eliteschule im herzoglichen Lustschloss Solitude (siehe Geheimnis 13) bei Gerlingen gegründet. „Nach fünf Jahren folgte der Umzug auf das Gelände hinter dem noch im Entstehen befindlichen Neuen Schloss", ergaben Gabriele Aicheles Nachforschungen. „Und im Dezember 1781 erhob Kaiser Joseph II. die Karlsschule sogar zur Universität." Seither wurde sie „Karls Hohe Schule" genannt. „Es herrschten Uniform- und Perückenzwang", fand die Bibliothekarin heraus. Und ihre Tochter Charlotte ergänzt empört: „Die Schüler mussten um 5 Uhr früh aufstehen und hatten nie Ferien. Trotzdem gingen ganz viele berühmte Leute auf diese Schule, zum Beispiel der Friedrich Schiller."

Gabriele Aichele (rechts) und ihre Tochter Charlotte zeigen, dass sich auch ein Blick hinter das Neue Schloss lohnt.

Nach dem Tod Herzog Carl Eugens löste dessen Bruder und Nachfolger Ludwig Eugen (1731-1795) die Akademie 1794 auf. „Danach wird das Gebäude bibliotheksgeschichtlich interessant", sagt Gabriele Aichele, die an der Stuttgarter Hochschule der Medien Bibliothekswesen studierte und heute eine Schulbibliothek leitet. „König Friedrich von Württemberg brachte 1810 eine Hofbibliothek in der ehemaligen Karlsschule direkt neben dem Hoftheater unter."

Diese neu geschaffene Königliche Handbibliothek nahm auf Wunsch des Königs die seiner Meinung nach wertvolleren Teile der säkularisierten Klosterbibliotheken auf. Sie führte ab 1886 den Titel „Königliche Hofbibliothek" und existierte parallel zur Königlichen Öffentlichen Bibliothek, der heutigen Württembergischen Landesbibliothek.

Bei Luftangriffen am 21. Februar und am 2. März 1944 wurde der Gebäudekomplex des Neuen Schlosses von zwei Sprengbomben getroffen, das Schloss brannte bis auf die Außenfassade ab. Von der Hofbibliothek überdauerten nur die Handschriften und Inkunabeln, die rechtzeitig ausgelagert worden waren. „Sie befinden sich heute in der Württembergischen Landesbibliothek", erklärt die Bibliothekarin.

Die Reste des Neuen Schlosses sollten zugunsten eines Hotels abgerissen werden. Doch Bürger und Denkmalschützer protestierten auf das Heftigste, und 1957 beschloss der Landtag von Baden-Württemberg den Wiederaufbau – mit nur einer Stimme Mehrheit. Die ehemalige Karlsschule jedoch wurde zwei Jahre später restlos abgerissen, um der Neubauschneise der Bundesstraße 14 Platz zu machen.

„Heute ist nur noch das Giebelrelief übrig", bedauert Gabriele Aichele, doch ihre Tochter Charlotte hat noch etwas entdeckt: „Ein paar Meter vom Relief entfernt steht der alte Akademiebrunnen. Und wer da genauer hinguckt, findet daneben auch ein Modell mit Plänen von den verlorenen Gebäuden, die früher über die heutige B14 hinausreichten."

Auf die Rückseite eines prächtigen Schlosses zu schauen – in Stuttgart lohnt es sich also auf jeden Fall.

Jørn Precht

So geht's zum Giebelrelief:

Entweder vom Schloßplatz aus um das Neue Schloss zu dessen Rückseite gehen – oder von der Haltestelle „Charlottenplatz" aus direkt zur Treppe an der Gebäuderückseite.

Goes-Denkmal
Keine sieben Leben – aber *ein* sehr bewegtes!

An der Stuttgarter U-Bahn-Haltestelle „Bubenbad" findet man eine zwei Meter hohe Gedenksäule mit schwarzer Tafel, auf der sich jemand in einem Gedicht mit sehr poetischen Worten sieben Leben wünscht. Nur ein einziges Leben hatte natürlich auch jener Poet, dem dieser Obelisk gewidmet ist. Seine Lebensdaten sind über dem Gedicht in den Naturstein gemeißelt: Albrecht Goes 1908-2000. Albrecht Goes? Heute kennen nur noch wenige diesen Namen. Das bestätigt auch der Mann, der dieses Denkmal im Jahr 2000 selbst gestaltet hat – der Stuttgarter Bildhauer und Künstler Markus Wolf. „Albrecht Goes wurde am 22. März 1908 im evangelischen Pfarrhaus in Langenbeutingen geboren", weiß Wolf. Ab 1926 studiert der 18-Jährige Germanistik und Geschichte, später Evangelische Theologie in Tübingen und Berlin. Im Alter von 22 Jahren wird Goes in der Tuttlinger Stadtkirche zum Pfarrer ordiniert und ist ab 1931 Stadtvikar in der Martinskirche in Stuttgart. 1933 tritt er seine erste Pfarrstelle in Unterbalzheim bei Illertissen an. Im selben Jahr heiratet er Elisabeth Schneider. Das Ehepaar bekommt drei Töchter. Goes schreibt nicht nur Predigten: Bereits 1932 und 1934 erscheinen seine ersten beiden Gedichtbände „Verse" und „Der Hirte". 1938 wurde er Pfarrer in Gebersheim, einem Ortsteil von Leonberg. „1940 wurde er dann aber einberufen, als Funker in Rumänien eingesetzt", berichtet Markus Wolf. „1942 bis 1945 war er als Geistlicher im Lazarett und im Gefängnis in Russland, Polen, Ungarn und Österreich tätig."

Traumatisiert von den dortigen Erlebnissen, engagierte Goes sich nach dem Krieg gegen die Wiederaufrüstung Deutschlands. Mit 45 Jahren quittierte er den Pfarrdienst und wirkte fortan als freier Schriftsteller. „Er predigte allerdings weiterhin zweimal im Monat", weiß Wolf, „später sogar regelmäßig im ARD-,Wort zum Sonntag'."

1950 veröffentlichte Goes die Erzählung „Unruhige Nacht", die aus der Perspektive eines Kriegspfarrers die Ereignisse einer Nacht in

Bildhauer Markus Wolf und sein Denkmal für Albrecht Goes mit dessen Gedicht „Sieben Leben".

dem von den Deutschen besetzten Ukraine-Ort Proskurow im Oktober 1942 beschreibt. Die Geschichte thematisiert die deutsche Schuld sowie deren Verleugnung – und wurde gleich zweimal verfilmt: 1955 als Fernsehspiel und drei Jahre später als Kinofilm mit Bernhard Wicki und Hansjörg Felmy. 1954 behandelte Goes in der Erzählung „Das Brandopfer" die Judenverfolgung aus Sicht einer schlichten Metzgersfrau, die am Ende vergeblich versucht, Gerechtigkeit durch ihre Selbstopferung zu finden. Das in bewusst einfacher Sprache geschriebene Werk gilt noch heute als wichtiger Beitrag zu Dialog und Versöhnung von Juden und Christen und wurde 1962 unter dem Titel „Der Schlaf der Gerechten" ebenfalls verfilmt. Goes erhielt zahlreiche Auszeichnungen, unter anderem den Großen Verdienstorden der Bundesrepublik Deutschland und die Verdienstmedaille des Landes Baden-Württemberg." 1981 wurde ihm in seinem Geburtsort Langenbeutingen eine Straße gewidmet, ein Platz in Stuttgart folgte 2000 – seinem Todesjahr: „Goes starb 81-jährig am 23. Februar 2000 in Stuttgart-Rohr, wo er seit 1954 gewohnt hatte, und wurde fünf Tage später auf dem Stuttgarter Pragfriedhof beigesetzt. Ich war gerade dabei, eine Tafel mit einem seiner Gedichte für seinen Geburtsort zu erstellen, als mich die Todesnachricht erreichte", erinnert sich der Bildhauer. „Noch im selben Jahr bekam ich den Auftrag für den Gedenkstein hier am Bubenbad." Später folgten ein weiterer Stein vor Goes' ehemaligem Pfarrhaus in Gebersheim, noch einer vor seinem Wohnhaus in Stuttgart-Rohr und eine Gedenkplakette für den Vorraum der Tübinger Stiftskapelle. „Ich finde, man kann gar nicht genug an diesen Anti-Kriegs-Poeten erinnern. Wenn Leser dieses Buches sich motiviert fühlen, sich Albrecht Goes' Werken zuzuwenden, würde mich das sehr freuen."

Jørn Precht

So geht's zum Goes-Denkmal:

Direkt an der U-Bahn-Haltestelle „Bubenbad" befindet sich ein kleiner Park, an dessen Rand der Obelisk steht.

Sigrid Mahn-Hutta hat sich über das Schiller-Grab in Stuttgart gewundert.

Schiller-Grabstein
Letzte Ruhestätte mit kurzer Störung

20

Da steht es doch geschrieben, auf dem hohen Grabstein! *Freiherr/Friedrich von Schiller*. Eine Inschrift, die Sigrid Mahn-Hutta stutzen ließ. Die Kunsthistorikerin hat ihr Büro ganz in der Nähe des Fangelsbachfriedhofs, und weil sie auch Kulturführungen anbietet, ist sie immer auf der Suche nach interessanten oder spannenden Dingen im Stadtbild. „So – und durch einen Hinweis meines Nachbarn – fand ich auch das Grab von Friedrich Schiller. Da kann doch etwas nicht stimmen, dachte ich mir", sagt die Stuttgarterin. Befindet sich Schillers Grab nicht in Weimar? Und während sie schon an ihrer eigenen Bildung zweifelte, fiel ihr Blick auf das Geburts- und das Todesdatum des hier Bestatteten: *geb. d. 28. Dec.*

Das Grab für Freiherr Friedrich von Schiller.

1826./gest. d. 8. Mai 1877. Sigrid Mahn-Hutta kannte die Lebensdaten des großen deutschen Dichters zwar nicht auswendig, so viel wusste sie aber mit Bestimmtheit, dass er wesentlich früher gelebt hatte. Ein Namensvetter? Mindestens ein Verwandter müsste es sein, steht doch unter der Inschrift für Friedrich von Schiller: *Die letzte Trägerin des Dichternamen. / Freifrau Mathilde von Schiller / geb. von Alberti / geb. d. 30. Nov. 1835, gest. d. 5. Febr. 1911.* Und noch einen Hinweis fand sie auf dem Grabstein: Ganz oben steht *Freiherr / Carl von Schiller / geb. d. 14. Sept 1793. / gest. d. 21. Juni 1857.* Tatsächlich handelt es sich bei dem Grabmal zwar nicht um das des Dichters. Der wurde am 10. November 1759 geboren und starb am 9. Mai 1805. Aber sein Sohn Carl Friedrich Ludwig, sein Enkel Ernst Friedrich Ludwig und dessen Gattin Mathilde sind hier begraben. Schillers Sohn Carl Friedrich Ludwig, der unter diesem Grabstein auf dem Fangelsbachfriedhof bestattet ist, wurde mit elf Jahren Halbwaise. Unterstützt durch seine Mutter, durfte er in Heidelberg und Jena Forstwissenschaften studieren. König Friedrich von Württemberg nahm ihn in seine Dienste, 1845 wurde er in den Freiherrenstand erhoben.

Warum man den Enkel des Dichters, Ernst Friedrich Ludwig, auf der Grabinschrift seines ersten und dritten Vornamens beraubt hat, vermag Sigrid Mahn-Hutta nicht zu sagen. Das Licht der Welt erblickte dieser Enkel, wie dem Grabstein zu entnehmen ist, am 28. Dezember 1826. Was der Stein nicht verrät: Das Enkelkind des Dichtergenies tat in Reichenberg bei Backnang seine ersten Atemzüge. Anders als sein berühmter Großvater, der seine militärische Ausbildung auf der Hohen Karlsschule hasste, schlägt dieser Enkel eine militärische Laufbahn ein, wird in Österreich Kürassieroffizier und bringt es bis zum Major. Und dann findet er in Stuttgart die Liebe – in Gestalt der

Mathilde von Alberti. Seinen Großvater, den berühmten Dichter, hat er nicht mehr kennengelernt.

Weder Schillers Sohn Carl Friedrich Ludwig noch Schillers Enkel Ernst Friedrich Ludwig hätten es sich wohl träumen lassen, dass man ihre Grabesruhe einmal stören würde und dass ihre Gebeine eine große Rolle für die Wissenschaft spielen sollten. Vater und Sohn wurden exhumiert, ebenso wie weitere Verwandte des Dichters. Letztendlich wurden DNA-Proben genommen mit dem Ziel, herauszufinden, ob die Gebeine in der Fürstengruft in Weimar wirklich Friedrich Schillers sterbliche Überreste sind. Das Ergebnis: Sie sind es nicht! Die dort vorgefundenen Gebeine stammen von drei unterschiedlichen Personen und keiner der beiden (!) Schädel, die man ihm zugedacht hatte, ist seiner. Wie kann es zu einer solchen Verwechslung kommen? Und weshalb überhaupt zwei Schädel?

Das Durcheinander nahm in der Form der Bestattung seinen Anfang: Schiller wurde im Cassengewölbe, einem Gemeinschaftsgrab für bedeutende Persönlichkeiten, beerdigt, das allerdings nicht seine letzte Ruhestätte bleiben sollte, denn 1826 musste es „wieder einmal entsorgt werden", wie W. Hach in „Schillers Krankheiten und seine Bestattungen" schreibt. Schillers Gebeine wurden gemeinsam mit denen von 23 anderen aus dem Grab gehoben. Der damalige Weimarer Bürgermeister Carl Leberecht Schwabe (1778-1851) notierte, es handele sich bei dem Grab um eine „Werkstätte der Verwesung". 23 Schädel wurden geborgen und in des Bürgermeisters Haus gebracht. Und der machte, wie er dachte, zielsicher den richtigen aus: „Ich stellte sie alle auf eine Tafel; kaum aber, daß dieses geschehen war, konnte ich auch schon ausrufen, auf den größten Schädel zeigend: ‚Das muß Schillers Schädel sein!'" Keiner zweifelte die Worte des Bürgermeisters an. Man brachte den Schädel und das vermeintlich dazugehörige Skelett in die Großherzogliche Bibliothek, wo sie eine Weile aufbewahrt wurden. Und auch das gehört zur Geschichte: Ein halbes Jahr lang befand sich dieser Schädel bei Schillers gutem Freund Johann Wolfgang von Goethe, der am 17. September 1826 darüber dichtete:

Im ernsten Beinhaus war's, wo ich beschaute,
Wie Schädel Schädeln angeordnet passten;
Die alte Zeit gedacht ich, die ergraute (...)

Ihr Müden also lagt vergebens nieder,
Nicht Ruh´ im Grabe ließ man euch, vertrieben
Seid ihr herauf zum lichten Tage wieder,
Und niemand kann die dürre Schale lieben,
Welch herrlich edlen Kern sie auch bewahrte.

Mit der „dürre(n) Schale" ist Friedrich Schillers Schädel gemeint.

Schließlich wurden Schillers Gebeine samt dem vom Bürgermeister als richtig „erkannten", dem sogenannten Fürstengruftschädel, 1827 in die jüngst errichtete Fürstengruft in Weimar gebracht, wo auch Goethe 1832 beigesetzt wurde. Über 50 Jahre ruhten die Dichterfreunde nebeneinander in ihren Särgen – das dachten zumindest all die vielen Menschen, die an das Grab kamen, um den beiden Dichtern die Ehre zu erweisen.

Dann kam das Jahr 1883 und mit ihm begann eine Diskussion um die Echtheit des Schiller zugeschriebenen Schädels: Hermann Welcker (1822-1897), Direktor des anatomischen Instituts in Halle, verglich den Schädel mit der Totenmaske des Dichters und machte klar, dass es sich bei dem Schädel nicht um den Schillers handeln könne. Trotzdem blieb der, wo er war, nämlich im 1827 in der Fürstengruft beigesetzten Sarg – und die Wissenschaft stritt. 1911 bekam er Gesellschaft: August von Froriep (1849-1917), Anatom aus Tübingen, barg aus dem einstigen Sammelgrab 63 Schädel und verkündete, bei einem davon handle es sich um den wahren Schiller-Schädel: Nun hatte er also zwei.

Anfang 2006 beauftragten das Landesfunkhaus Thüringen des MDR und die Klassik Stiftung Weimar ein Forscherteam, den genetischen Fingerabdruck des Dichters zu suchen und zu klären, welcher der Schädel denn nun zu Schiller gehöre. In komplizierten Untersuchungen wurden die Schädel mit Schillers Totenmaske abgeglichen. Eigentlich war alles klar: Die Ähnlichkeit mit dem zuerst mit den Gebeinen bestatteten Schädel war enorm. Und auch die Größe des Schädels ließ auf Schiller schließen, das hatte ja seinerzeit schon der Bürgermeister gesagt. Doch bei der Untersuchung des Skeletts stellte man fest, dass die Knochen von drei verschiedenen Menschen stammten.

Und dann kam der Paukenschlag: Die DNA-Ergebnisse von Schillers exhumierten Verwandten aus der mütterlichen Linie ergaben eindeutig, dass diese miteinander verwandt sind. Es war jedoch keine Übereinstimmung mit dem Schiller zugeschriebenen Fürstengruft-Schädel festzustellen. Um allerletzte Gewissheit zu haben – und weil der Schädel so genau zu Schillers Totenmaske zu passen scheint – wurde nun auch das Grab in Stuttgart geöffnet. Und auch hier wieder: Sie sind eindeutig miteinander verwandt und auch mit den anderen untersuchten Schillers. Aber der Schiller zugeschriebene Schädel passt eben nicht dazu. Und damit ist klar: Der Fürstengruftschädel kann nicht der Schiller'sche sein.

Aber es gibt noch weitere Ungereimtheiten. Der „Spiegel" schreibt: „Bereits 1959 entdeckte Herbert Ullrich, dass jemand dem Fürstengruft-Schädel sieben fremde Zähne im Ober- und Unterkiefer eingesetzt hatte. Die Zähne waren an den Wurzeln passgerecht zugefeilt und fachmännisch in die leeren Zahnfächer eingesetzt worden."

Wie es auch gewesen sein mag – von einer letzten Ruhestätte kann bei Friedrich Schiller keine Rede sein, der Sarg in Weimar ist mittlerweile leer. Fakt ist: Wo sich Schillers Kopf und Gebeine heute befinden, das weiß niemand. Fakt ist auch: Die Stuttgarter können sicher sein, dass die Gebeine von „ihrem" Friedrich Schiller – nämlich des Sohns und des Enkels – dort liegen, wo sie hingehören. Wenn auch keiner von beiden der große Dichter war.

Eva-Maria Bast

So geht's zum Schiller-Grabstein:

Der Grabstein steht auf dem Fangelsbachfriedhof in Stuttgart. Wenn man von der Cottastraße kommt, findet man ihn nahe des Eingangs auf einer kleinen Erhöhung auf der linken Seite.

Äffle und Pferdle mit ihrem „Hafer- und Bananenblues":
Schwäbisch in Dauerschleife.

21
Äffle-und-Pferdle-Fernseher
Schwäbisch in Dauerschleife

Nanu! Was läuft denn da? Ein Äffchen im grünen Blätter-Rock und ein orange gekleidetes Pferd mit knallgelbem Sonnenhut singen in einem Trickfilmchen abwechselnd in ein Mikrofon und eine Banane: „Das isch der Hafer- und Bananenblues", klingt es in schönstem Schwäbisch aus dem Lautsprecher. Der Clip läuft in Dauerschleife auf einem dunkelorangen 70er-Jahre-Fernseher in einem der Schaukästen direkt vor dem „Haus der Geschichte Baden-Württemberg". Was aber ist so geschichtsträchtig an dem Pferd und dem Affen, dass sie ausgerechnet hier laufen?

Dieses Rätsel kann der Stuttgarter Autor, TV-Moderator und Journalist Heiko Volz lösen: „Äffle und Pferdle laufen hier, weil sie nicht nur für uns Schwaben seit weit über einem halben Jahrhundert einfach Kult sind." Viele, die wie Volz mit den beiden aufgewachsen sind, werden ihm zustimmen. Aber wo kamen die einstigen TV-Lieblinge her? Und warum verschwanden sie vor einigen Jahren von den heimischen Fernsehbildschirmen?

Äffle-und-Pferdle-Experte Volz weiß es: „1959 suchte der damalige Süddeutsche Rundfunk (SDR) für das ab dem folgenden Jahr geplante ARD-Vorabend-Werbefernsehen in seinem Sendegebiet Werbetrenner – kleine Zeichentrick-Clips zwischen den Spots zu deren besserer Unterscheidung. Das Ziel war auch, die Zuschauer im Sendegebiet damit zum Schmunzeln zu bringen", erzählt Volz. Mit der Entwicklung betraut wurden seinerzeit der Filmproduzent Armin Lang (1928-1996) sowie die Grafiker Werner Klein (*1924) und Volker Lang (*1934). „In Langs Atelier verkehrten übrigens auch andere Zeichner, die sehr bekannt wurden", verrät Heiko Volz. „Unter anderem Loriot (siehe Geheimnis 16) und Roland Töpfer (1929-1999), der Erfinder der beliebten Werbeträger ‚HB-Männchen' und ‚Hustinetten-Bär'." Zunächst entstand 1959 – in Anlehnung an das Wappentier Stuttgarts (siehe Geheimnis 02) – ein Pferd, das wie geplant am 2. Januar 1960 erstmals zum Start des SDR-Werbefernsehens über den Bildschirm galoppierte. Drei Jahre später gesellte sich ein Affe zum Pferd. „Die Inspiration dazu bekam Volker Lang 1962 durch einen Zeitungsartikel über die Schimpansen im Stuttgarter Zoo Wilhelma", weiß Volz zu berichten. „Zur gleichen Zeit wurden auch Ideen für einen Elefanten und einen Goldhamster namens ‚Maultäschle' entwickelt. Der Affe war von der Größe am besten, am menschenähnlichsten – und noch nicht von Walt Disney verbraten."

„Äffle und Pferdle laufen hier, weil sie nicht nur für uns Schwaben seit weit über einem halben Jahrhundert einfach Kult sind."

Ab Ende der 60er-Jahre wurden die Spots dann in Farbe ausgestrahlt. Ein paar Jahre später wandelte auch das Pferdle auf zwei Beinen. In den 70er-Jahren begannen die beiden zu sprechen. Zuerst nur zaghaft mit Naturtönen, doch bald „schwätzten" Äffle und Pferdle in breitem Schwäbisch. Hierfür lieh ihnen Produzent Armin Lang selbst seine Stimme. Spätestens jetzt erlangten seine kauzigen Trickfiguren Kultstatus. Auch zu ihren Synchronstimmen kann Heiko Volz ein Geheimnis verraten: „Ursprünglich war Armin Lang gar kein Schwabe. Er wurde in Holzkirchen in Oberbayern geboren und kam erst 1938 als Zehnjähriger nach Stuttgart."

Weil in den Sommermonaten weniger Werbung geschaltet wurde – und aufgrund der zunehmenden Popularität von Äffle und Pferdle – produzierte man ab Mitte der 1970er-Jahre gelegentlich auch etwas längere Einspieler. Unter anderem mehrere, bei denen die beiden sangen. Am beliebtesten – und auch erfolgreich auf Schallplatte veröffentlicht – ist der vor dem Haus der Geschichte laufende Hafer- und Bananenblues; doch auch ihre Version von „Auf de' Schwäb'sche Eisenbahne" wurde bekannt. Mitte der 1980er-Jahre gesellte sich auf Wunsch des SDR mit Rücksicht auf dessen „mehrsprachiges" Sendegebiet die kurpfälzisch sprechende Hundedame Schlabbinchen zu den beiden Zeichentrickfiguren hinzu. Sie wurde von der Schauspielerin Elsbeth Janda (1923-2005) gesprochen. 1986 galoppierte das Pferdle nochmal solo – als offizielles Maskottchen der damaligen Leichtathletik-Europameisterschaft in Stuttgart.

Autor Heiko Volz und zwei weitere Sympathieträger vor dem Haus der Geschichte Baden-Württemberg.

Armin Lang, Sohn des gleichnamigen Äffle-und-Pferdle-Erfinders, übernahm 1996 nach dem Tod des Vaters die Firma. Diese produzierte zunächst noch weitere Spots, welche dann von Schauspieler Peter Barkow (1926-2005) und weiterhin auch von Elsbeth Janda synchronisiert wurden. Das Verschwinden von Äffle und Pferdle aus dem Sendegebiet ging stufenweise vonstatten. 1998 fusionierten der SDR und der SWF (Südwestrundfunk Baden-Baden) zum SWR (Südwestrundfunk). Ein Jahr später ließ der gemeinsame Sender die letzten neuen Einspieler produzieren, die bis 2001 ausgestrahlt wurden. „Das hatte mehrere Gründe", erläutert Volz. „Zum einen existierten zu dem Zeitpunkt bereits über 1.900 Clips, die man ja wiederholen konnte. Zum anderen wurde durch die Einführung des Satellitenfernsehens die Reichweite der regional geschalteten Werbespots mehr und mehr reduziert. Wer eine Schüssel besaß, konnte von der ARD nur noch bundesweite Werbung empfangen. Für die veränderte Situation waren die Produktionskosten neuer Äffle-und-Pferdle-Clips zu hoch. Und irgendwann verschwand die regionale Werbung ganz – und damit auch die Wiederholung der alten Werbetrenner."

Äffle und Pferde leben aber weiter! „Seit 1999 darf ich mir neue Geschichten mit den beiden ausdenken", freut sich Heiko Volz. „Ich habe seither schon rund 1.500 veröffentlicht – in Kalendern, Büchern und im Internet." Einen besonders süßen Auftritt hatten die beiden 2016: Da brachte ein schwäbischer Schokoladenhersteller auf vielfachen Wunsch eine Sonderedition namens „Hafer und Banane" mit Äffe und Pferde auf der Packung heraus. Die 50.000 Schokoladentafeln waren so schnell ausverkauft, dass nachproduziert werden musste. Gezeichnet werden die Sympathieträger inzwischen von den Illustratoren Roman Lang, Alexander Linke und Jürgen Hölzel. Für Promotion-Auftritte von Äffle und Pferdle werden Akteure in lebensgroßen Figurenmasken eingesetzt.

„Ich wollte selbst gern das Äffle synchronisieren und habe mich schon 1996 beim Casting für Armin Langs diesbezügliche Nachfolge beworben", verrät Heiko Volz. Mit Schwäbisch kennt er sich tatsächlich bestens aus, immerhin hat er die Texte der Stuttgarter City-Touren in den Dialekt übersetzt. „Damals machte aber bekanntermaßen der Komödiant Peter Barkow das Rennen für beide Rollen." Nach dessen Tod fand 2009 ein weiteres Casting statt. Als „Pferdle" wurde schließlich Volker Lang ausgewählt, der jüngere Bruder des verstorbenen Armin Lang. „Seine Stimme ist der seines Bruders sehr ähnlich, das Pferdle klingt deshalb seit 2010 wieder wie früher", erklärt Heiko Volz zufrieden und ergänzt nicht ohne Stolz: „Das Äffle darf ich seither selbst sprechen." Da würde das Pferdle wohl kommentieren: „Lieber g'schwätzt wie gar nix g'sagt!"

Jørn Precht

....

So geht's zum Äffle-und-Pferdle-Fernseher:

Das Haus der Geschichte befindet sich an der Neuen Staatsgalerie in der Konrad-Adenauer-Straße 16 gegenüber der Oper. Der Äffle-und-Pferdle-Clip läuft in Dauerschleife in einem der davorstehenden Schaukästen. Mitsingen und -swingen erlaubt!

Hutzelmännlein
Vom stolpernden Seppe zum Tänzer aus Liebe

Stuttgart, sagt Kunsthistorikerin Andrea Welz, hat einen „Backstage-Bereich". Eine Gegend, in der's nicht so hübsch rausgeputzt ist wie vorneherum – aber trotzdem charmant. Das gilt auch für den Fruchtkasten – oder besser: für seine Rückseite! Betrachtet man diese aufmerksam, fällt einem eine Steinfigur auf. Die Steinfigur, es ist ein Männlein, presst in einer innigen Gebärde ein Brot und einen Schuh an seinen Leib. Lässt man den Blick schweifen, bemerkt man, dass unterhalb ein Spruch an die Hauswand geschrieben ist. *Ein Kobold gut bin ich bekannt / In dieser Stadt und weit im Land / Meines Handwerks ein Schuster war / Gewiß vor siebenhundert Jahr. / Das Hutzelbrot ich hab' erdacht / Auch viel seltsame Streich gemacht.*

Menschen, die sich gut in der Literatur auskennen, werden nun einen Teil des Rätsels bereits lösen können. Auch Andrea Welz kennt die Geschichte hinter dem Männlein und dem Reim. „Das Männlein", sagt sie, „wurde beim Wiederaufbau des Fruchtkastens 1956 angebracht. Und zwar in Erinnerung an ein viel älteres Steinmännchen." Diese Vorgängersteinfigur habe den Dichter Eduard Mörike (1804-1875), der ab 1851 mit Unterbrechungen in Stuttgart lebte, vermutlich zu seinem Märchen „Das Stuttgarter Hutzelmännlein" inspiriert, das er hier schrieb. Und die unter der Steinfigur angebrachten Verse sind der Anfang eben jenes Märchens. „Im 19. Jahrhundert gab es ja das mittelalterliche Stuttgart noch – und da soll er an irgendeinem Haus die Figur gesehen und danach das Märchen geschrieben haben."

Kein Wunder also, dass die Steinfigur Schuhe und einen Laib Brot bei sich trägt, spielen doch beide Requisiten in Mörikes Märchen eine zentrale Rolle. Das Hutzelmännlein – Hutzeln sind übrigens getrocknete

Mit Schuh und Brot ausgestattet: das Männlein am Fruchtkasten.

Andrea Welz geht gern einen Umweg, wenn sie auf dem Schillerplatz etwas erledigen muss, um einen Blick auf das Männlein zu werfen.

Früchte, meist Birnen – schenkt dem Seppe, der auf Wanderschaft gehen will, im Märchen ein Hutzelbrot und zwei Paar Schuhe. Wenn Seppe vom Brot immer ein Stückchen übrig lässt, wird es immer wieder auf seine ursprüngliche Größe anwachsen. „Und die Schuhe sollen dafür sorgen, dass ihm das Glück auf zwei Beinen entgegenkommt, und ihn zu seiner Liebe führen", erzählt Andrea Welz. Wäre es so einfach, dann wäre die Geschichte schnell zu Ende. Doch Seppe vertauscht die Schuhe und zieht aus Versehen aus jedem Paar einen an, sodass sie ihn in unterschiedliche Richtungen tragen wollen und ihn immer wieder zum Stolpern bringen. So stolpert er denn auch in eine Beziehung mit einer Meisterin, die den letzten Rest seines Brotes an ihren Vogel verfüttert, sodass dieses nicht mehr nachwachsen kann. Zudem erfährt er, dass sie schon zwei Ehegatten ins Jenseits befördert hat. Er flieht entsetzt – und stolpert seiner wahren Liebe entgegen: Das Mädchen Vrone Kiderlen hat das andere Paar Schuhe gefunden. Sie erlebt die gleiche Geschichte wie Seppe: Die Schuhe bringen ihr Glück, lassen sie aber auch straucheln. Doch die beiden Schuhpaare wollen zueinanderfinden und führen die, die sie tragen, also Seppe und Vrone, auf ein Hochseil, wo sie sich verlieben. Die beiden bekommen ein Haus am Marktplatz geschenkt, unweit des Hutzelmännleins – ein Haus für ihre Liebe.

Insofern hat dieses Männlein an seiner Ecke eine wichtige Botschaft: Manchmal muss man lange suchen, bis man denjenigen findet, der die richtigen Schuhe für einen anhat. Auch stolpert man so lange durchs Leben, bis man ihn entdeckt hat. Dann kann man die Schuhe miteinander tauschen und fortan sicheren Schrittes nebeneinander hermarschieren. Oder – und das passt besser zur Liebe – miteinander durchs Leben tanzen. Ob auf dem Hochseil oder auf dem Boden der Tatsachen. Denn auch der kann in der Liebe zum Tanzparkett werden.

Eva-Maria Bast

So geht's zum Hutzelmännlein:

Der Fruchtkasten steht am Schillerplatz 1. Um die Steinfigur zu finden, muss man einmal um den Fruchtkasten herumgehen: Das Hutzelmännlein hängt an der Nordwestecke.

Rebecca Anna Fritzsche vor einem der bunten Häuser.

Viergiebel-Siedlung
Welche Farbe darf's denn sein?

Wenn sie an diesen Häusern vorbeifuhr, dann stutzte Rebecca Anna Fritzsche, Journalistin bei der Stuttgarter Zeitung und den Stuttgarter Nachrichten und dort von Mai 2013 bis April 2016 für Stuttgart-Nord zuständig, immer wieder. Warum sind die Häuser alle in farblichen Abstufungen gestrichen? Und warum teilweise die eine Seite in einer anderen Farbe? Wenn eine Journalistin sich etwas fragt, dann sucht sie in der Regel schnell nach einer Antwort. Berufskrankheit. Oder: Berufstugend.

Auch Rebecca Anna Fritzsche suchte und fand die Antwort: „Jeder kennt ja hier im Norden die Weissenhofsiedlung am Killesberg. Aber dass es unweit dieses Kulturdenkmals eine weitere denkmalgeschützte Siedlung gibt, nämlich diese hier, die Viergiebel-Siedlung, das weiß kaum einer." Das Farbkonzept habe Architekt Richard Döcker (1894-1968) eigens dafür erdacht. Er plante die Siedlung gemeinsam mit Hugo

Keuerleber (1883-1949). „Beide hatten an der Technischen Hochschule Stuttgart studiert, beide wurden dort Professoren", erzählt Rebecca Anna Fritzsche. Döcker war als Assistent des Architekten Paul Bonatz (1877-1956) auch mit dem Bau der Weissenhofsiedlung betraut. Er begann damit ein Jahr, nachdem die Viergiebelsiedlung abgeschlossen war.

Der Bau der Siedlung Viergiebelweg war der Wohnungsnot nach dem Ersten Weltkrieg geschuldet. Bei ihren Recherchen hat Fritzsche sich mit Christoph Schindelin von der Unteren Denkmalschutzbehörde der Landeshauptstadt Stuttgart unterhalten und erfahren, dass die Bevölkerungszahlen nach dem Krieg explodierten. Für Schnickschnack sei keine Zeit und kein Geld übrig gewesen. Deshalb seien die 23 Häuser schlicht gehalten – wodurch die Farbnuancen zur Geltung kommen.

Früher waren die Gebäude bunter. „Da hatte jede Wand eine andere Farbe. Es gab eine Farbfamilie je Himmelsrichtung. Die Sonnenseite erhielt wärmere, die Schattenseite kühlere Farben." Nicht mehr alle Häuser sind erhalten, manche wurden verändert, teilweise auch anders gestrichen. Der einstige Bauherr ist jetzt nicht mehr der Eigentümer, die Häuser befinden sich in Privatbesitz. Eines sei zerstört und ein weiteres so stark verändert worden, dass es nicht mehr dem Konzept entspricht. Auch hätten viele Besitzer ihre Häuser in Unkenntnis anders gestrichen. „Heute steht die Siedlung wieder unter Denkmalschutz", betont Rebecca Anna Fritzsche. „Wenn Eigentümer ihr Haus sanieren wollen, werden sie von der Unteren Denkmalschutzbehörde beraten, und man achtet darauf, dass das Farbkonzept wiederhergestellt wird. In den letzten Jahren ist da einiges passiert."

Und dann wird die Viergiebelsiedlung vielleicht doch irgendwann wieder nahezu vollständig. Wie schrieb doch Richard Döcker zur Viergiebelsiedlung einmal: „Ein Haus kann nicht ohne das andere bestehen, sie sind als Teil eines Ganzen erst zu begreifen."

Eva-Maria Bast

So geht's zur Viergiebel-Siedlung:

Die Häuser stehen in der Gegend Birkenwaldstraße/Saumweg/Viergiebelweg im Stuttgarter Norden.

Atemberaubend schön: der Bismarckturm bei Frost.

Bismarckturm
Geburtstagskerze für einen Staatsmann

Der Bismarckturm in Stuttgarts Norden ist ein beliebtes Ausflugsziel. Nicht nur das Bauwerk ist eine Attraktion, auch die Aussicht ist schön. Worüber sich aber die wenigsten Menschen, die hier ihre Freizeit verbringen, Gedanken machen, ist nach Ansicht des Stuttgarters Hans-Christian Wieder, warum der Bismarckturm heißt, wie er heißt – und warum er gebaut wurde. Zwar könne man sich denken, dass der Turm zu Ehren des deutschen Staatsmannes nach ihm benannt wurde, doch dass dahinter eine konzertierte – und ganz Deutschland umfassende – Aktion stand, und dass einst auf dem Turm an bestimmten Tagen ein Feuer loderte, das weiß nach Einschätzung von Hans-Christan Wieder kaum jemand. Der Architekt kümmert sich seit vielen Jahrzehnten um den Turm. „Ich

Der Bismarckturm begleitet Hans Christian Wieder (unten rechts) schon sein ganzes Leben.

bin hier oben groß geworden", sagt er und meint damit die hochherrschaftlich bebaute Erhebung in Stuttgarts Norden. „Und dadurch hatte ich den Bismarckturm jeden Tag im Blick. Er ist für mich ein Symbol der Nähe und der Heimat."

Natürlich hat er sich mit der Geschichte des Turmes beschäftigt und weiß, dass ab 1869, noch zu Lebzeiten Otto von Bismarcks (1815-1898), aber erst recht nach seinem Tod zur Erinnerung an ihn und seinen Mythos Dutzende Denkmäler entstanden. Um diesen Bauten eine einheitliche Form zu geben, startete die Deutsche Studentenschaft noch im Todesjahr einen Aufruf: „(…) so wollen wir unserem Bismarck zu Ehren auf allen Höhen unserer Heimat, von wo der Blick über die herrlichen deutschen Lande schweift, gewaltige granitene Feuerträger errichten." Wieder erklärt: „Es waren einheitliche Gedenkfeuer für Bismarcks Geburtstag am 1. April, an seinem Todestag, dem 30. Juli, und am Tag der Reichsgründung am 18. Januar geplant." Die lodernden Flammen sollten verkünden, dass der erste Kanzler des Deutschen Reiches und sein Werk nicht vergessen sind. „Der Turm war gewissermaßen eine Feuersäule", erklärt Hans-Christian Wieder. Der Stuttgarter Bismarckturm entstand ab 1902 auf Initiative von Studenten der Technischen Hochschule. Auch sie richteten sich nach dem Entwurf „Götterdämmerung" des Architekten Wilhelm Kreis (1873-1955), nach dessen Vorbild deutschlandweit 47 Bismarcktürme entstanden. „Am 16. Juli 1904 wurde der Stuttgarter Bismarckturm feierlich der Öffentlichkeit übergeben", erzählt Wieder. In seiner viele Meter langen Sammlung von Ordnern zum Bismarckturm findet sich sogar die Eröffnungsrede des Studenten Krug. Architekt Wieder hat das handschriftliche Werk mühevoll aus der Sütterlin-Schrift transkribiert. „Nun ist sie fertig, unser Stolz u. unsere Freude – unsere Bismarcksäule!", freute sich Student Krug damals. Und: „Ragend auf rebenumkränzter Höhe, bald umrauscht von den Eichen des Sachsenwaldes, grüßt sie hinunter in unsere liebe

Schwabenresidenz u. hinaus in die gesegneten Fluren unseres schönen Schwabenlandes als ein Sinnbild deutscher Einheit."

So sehr man sich über den Turm gefreut haben mag: Irgendwann kümmerte sich niemand mehr so recht darum, und so verfiel er. „Ihm ging es wie uns Menschen, da ist halt mal die Hüfte kaputt", sagt Hans-Christian Wieder augenzwinkernd. Wobei der Turm es freilich nicht mit der Hüfte, sondern, um im Bild zu bleiben, „mit den Steinen" hatte. Der Architekt, der auch Bezirksbeirat ist „und damit Mitglied eines Gremiums, das zumindest Empfehlungen aussprechen kann, was zu tun ist", erzählt, heiß sei diskutiert worden, ob es sich lohne, den Turm zu sanieren. Doch dann entschied sich der Gemeinderat dafür: Der Bismarckturm wurde für 1,6 Millionen Mark renoviert. „Die oberen sieben Meter musste man abtragen und den Turm originalgetreu neu aufbauen", schildert der Architekt. Heute hat er als „Türmer-Obmann" des Bürgervereins Killesberg e.V. die Aufsicht über den Turm und seine Wächter.

Doch es ist nicht nur der Turm, der den Stuttgarter so fasziniert. Es ist auch die Figur Bismarcks. „Man muss sich nur mal vor Augen halten, was er alles bewegt hat", sagt Wieder. „Er hat zum Beispiel die Kranken- und Rentenversicherung ins Leben gerufen." Das größte Verdienst des ersten deutschen Reichskanzlers war aber freilich die Gründung des Deutschen Reichs 1871. „Das bestand ja aus so vielen Fürstentümern und Königreichen, es war total zersplittert. Und mit einem ganz großen Preußen. Dies alles unter einen Hut zu bringen, ohne dass die Kleinen zu sehr von Preußen dominiert werden, das war eine Meisterleistung", bringt der Stuttgarter Otto von Bismarck höchsten Respekt entgegen. Die Feuer ihm zu Ehren hat Bismarck sich seiner Ansicht nach verdient. Und so ist es auch eine Frage des Respekts für einen großen Politiker, dass Hans-Christian Wieder das Seine dazu tut, dass der Bismarckturm in all seiner Pracht bestehen bleibt. Wenn die Feuer auf seiner Spitze auch längst nicht mehr lodern.

Eva-Maria Bast

....
So geht's zum Bismarckturm:

Er ist erreichbar über die Straße „Am Bismarckturm".

Der Pfeil weist den Weg zum wahren Mittelpunkt.

25
Stadtmittelpunkt
Folgen Sie dem Pfeil!

Stuttgarter, die „ihre Mitte suchen", könnten am Calwer Platz, am oberen Ende der Calwer Passage, fündig werden. Allerdings übersieht man sie leicht – die in den Boden eingelassene Bronzetafel, auf der unter anderem zu lesen ist: *Geografischer Mittelpunkt der Landeshauptstadt Stuttgart – Ermittelt vom Stadtmessungsamt Stuttgart*. Die Plakette markiert aber offenbar gar nicht den eigentlichen Mittelpunkt, sondern nur den Weg zu selbigem. Ein Pfeil auf der Bodentafel weist nämlich in die Richtung des richtigen Mittelpunkts: In ca. 15 Metern befinde sich der Nabel Stuttgarts. *9 Stunden, 10 Minuten, 19,32 Sekunden östliche Länge* steht über dem Pfeil, und darunter: *48 Stunden, 46 Minuten, 30,33 Sekunden nördlicher Breite*. Wer das wohl derart genau berechnet haben mag?

Mehr zu der Plakette kann der Stuttgarter Bildhauer und Künstler Markus Wolf sagen, der sie selbst gestaltet hat. Wie kam er zu diesem ehrenvollen Auftrag? „Stefan Frey vom Schwäbischen Heimatbund kam 2009 damit auf mich zu. Für den Verein hatte ich drei Jahre zuvor bereits einen Grundstein erstellt für ein Gebäude in Thailand zum Gedenken an die dortige Tsunami-Katastrophe, er kannte meine Arbeiten also bereits. 2009 feierte der Heimatbund sein hundertjähriges Bestehen", erzählt Wolf. Aus diesem Anlass entschieden der Stuttgarter Verschönerungsverein und die Stadtgruppe Stuttgart des Schwäbischen Heimatbundes gemeinsam, es sei an der Zeit, dass Stuttgart „seine Mitte findet". Und zwar nicht esoterisch, sondern geografisch. „Das Stadtmessungsamt und die Universität Stuttgart wurden mit der Suche nach dem exakten Mittelpunkt der Stadt beauftragt", berichtet Wolf. Mit einer ausgetüftelten mathematischen Methode wurden 5.000 Messpunkte erfasst und deren Daten mit einem Hochleistungscomputer analysiert, so erläuterte Amtsleiter Karlheinz Jäger seinerzeit im „Stuttgarter Amtsblatt". Man gelangte schließlich zur fast amüsanten Erkenntnis: Die geografische Stadtmitte Stuttgarts befindet sich am Eingang der S-Bahn-Haltestelle „Stadtmitte": ausgerechnet – und nun auch be-rechnet!

Wenig spektakulär: Markus Wolf beim geografischen Mittelpunkt.

Wolf folgt für uns dem Pfeil auf der Bronzeplatte, geht die Treppe in Richtung U- und S-Bahn hinunter bis zum angegebenen Punkt. Dieser enttäuscht ein wenig – die Mitte der Landeshauptstadt liegt unspektakulär auf einer Treppenstufe neben der Rolltreppe. Der Schwäbische Heimatbund und Wolfgang Müller, Vorsitzender des Stuttgarter Verschönerungsvereins, waren 2009 trotzdem dankbar für die Information und blieben bei ihrem Entschluss, den ermittelten Mittelpunkt für die Öffentlichkeit zu markieren. „Sie schickten mir damals einen Textvorschlag für die Plakette, den ich dann in einem grafischen Entwurf bearbeitet habe", erinnert sich Wolf. „Aus Gips schnitzte ich schließlich die Form, die die Gießerei dann für die Herstellung der Bronzeplatte verwendete."

Bei der feierlichen Einweihung der Plakette am Freitag, 18. September 2009 erklärte der damalige Ordnungsbürgermeister Martin Schairer: „Alles braucht eine Mitte." Stuttgart mache da keine Ausnahme. Eine Passantin legte daraufhin spontan eine langstielige Rose vor die schöne Bronzeplatte. Die Stuttgarter lieben eben ihre Stadt(mitte). Zwar gab es in letzter Zeit viel Leerstand rund um jenen Mittelpunkt, doch es existieren große Pläne für das Areal am Calwer Platz. Unter anderem war es im Gespräch für ein neues Film- und Medienhaus. Was daraus inzwischen wurde? Davon kann sich jeder selbst ein Bild machen, wenn er die Plakette und ihr Umfeld besucht.

„Das Stadtmessungsamt und die Universität Stuttgart wurden mit der Suche nach dem exakten Mittelpunkt der Stadt beauftragt."

Jørn Precht

So geht's zum Stadtmittelpunkt:

Am Calwer Platz, am oberen Ende der Calwer Passage, direkt am Eingang zur S- und U-Bahnhaltestelle „Stadtmitte" befindet sich die in den Boden eingelassene Bronzetafel.

Wenn Steine reden könnten… Was hätten diese alles zu erzählen!

Spolien
Zwei Steine und ein leutseliger König

Wenn Steine reden könnten – was hätten diese alles zu erzählen! Von Wengetern, die sich um die Reben auf ihren Weinbergen kümmern. Von Menschen, die mit schwer beladenen Wagen eine wichtige Straße passieren. Von einem leutseligen König. Von Krieg und Zerstörung. Und von einem Stuttgarter Jungen, der vor ihnen steht und sie staunend betrachtet. Der irgendwann erwachsen wird und immer noch wiederkommt. Harald Schukraft. Er hat die beiden Steine, in die Jahreszahlen eingehauen sind, als Bub entdeckt und später als Historiker versucht, ihre Geschichte nachzuverfolgen: „Diese Steine wurden beim Bau des Hauses im 19. Jahrhundert gefunden", berichtet er. Je eine Jahreszahl ist in diese Relikte aus der Vergangenheit eingehauen: *1557* und *1601*. „Zu dieser Zeit war hier alles noch voller Weinberge." Worum es sich bei den Steinen gehandelt hat, weiß man nicht. Gut möglich, dass es

Schlusssteine von Gebäuden waren, die hier einmal standen. Denn wichtig war die Gegend nicht nur wegen des Weinbaus: „Hier führte mindestens seit dem 12. Jahrhundert eine Hauptausfallstraße entlang", weiß der Historiker. Logischerweise müsse es an diesem Weg irgendwelche Gebäude gegeben haben, und von diesen könnten die Steine stammen, vermutet Schukraft. „Man muss sich das mal vorstellen", sagt er. „Da baut jemand 1893 ein Haus, gräbt, und plötzlich stößt er auf diese Steine von 1557 und 1601." Der Historiker liest vor, was der Hausbesitzer zwischen den beiden Steinen einmeißeln ließ – und womit er bewies, wie viel Sinn er für die Bedeutung dieser Steine hat: *Das Alte stürzt, es ändert sich die Zeit, und neues Leben blüht aus den Ruinen.*

Harald Schukraft vor dem Haus, in dem die Spolien vermauert wurden.

Zeilen, die Friedrich Schiller einst schrieb. Der Bauherr des Hauses sei offensichtlich ein Mensch mit Sinn für Geschichte gewesen. „Er hätte die Steine ja auch einfach auf den Schutthaufen schmeißen können. Er hat das hier ganz bewusst eingebaut, um zu zeigen: Das Haus steht auf altem Grund, auf einem Gebiet, auf dem vorher schon Menschen waren, wo schon Leben war. Ich finde das beeindruckend, dass ein Hausbesitzer beim Neubau so ein Relikt beachtet, wertschätzt und wieder einbaut."

An diesem Haus aus dem 19. dürfte also auch der alte Hauptweg aus dem 12. Jahrhundert vorbeigeführt haben. An der Abbiegung zur Hasenbergsteige, nur ein paar Meter weiter, habe es eine Pferdestation gegeben. „Hier standen früher Vorspann-Pferde bereit, weil die normalen Fuhrwerke nicht den Berg hochkamen. Die mussten immer mithilfe der Vorspann-Pferde diese sehr steile Straße hochgezogen werden." Dass der Weg steil ist, das störte Wilhelm II. (1848-1921), seines Zeichens letzter König Württembergs, herzlich wenig. „Er ist diesen Weg oft gegangen", sagt Harald Schukraft. In der einstigen Metzgerei Föll in der Reinsburgstraße habe er sich Wurst gekauft und seine Hunde damit die Hasenbergsteige hinaufgelockt bis zu seinem Zahnarzt, der sein guter Freund gewesen sei und mit dem er sich gern ausgetauscht habe. „Das hat mir noch der Sohn

dieses Metzgers erzählt, der den König gelegentlich begleiten durfte."
Das Faszinierende: „Der König bewegte sich bei diesen Spaziergängen vollkommen ohne Leibwache. Er ist ganz allein mit seinen Hunden spazieren gegangen. Er war ganz besonders leutselig, und oft war er auch inkognito unterwegs." Schmunzelnd erzählt Schukraft, Wilhelm II. sei einmal mit seinen Hunden in den Weinbergen unterwegs gewesen, „und dann hat der Flurschütz, der ja für die Sicherheit der Weinberge und der Weinstöcke verantwortlich war, den König rausgejagt! Das Betreten sei verboten. Der König hat den Befehl befolgt. Und kaum war er weg, fragten Beobachter der Szene den Mann entsetzt, ob er den König denn nicht erkannt habe! Der Flurschütz ging nach Hause und sagte zu seiner Frau: ‚Gib mir ein Messer, ich bringe mich um. Das geht nicht anders.'" Doch der König habe ihm buchstäblich das Leben gerettet: „Kurz darauf kam ein Bote des Königs mit einem Goldstück und ließ ausrichten: ‚Wenn alle Untertanen so korrekt wären, dann würde es unserem Volk viel, viel besser gehen.'"

„Da baut jemand 1893 ein Haus, gräbt, und plötzlich stößt er auf diese Steine von 1557 und 1601."

Auch an den Steinen dürfte der König auf dem Weg zu seinem Freund, dem Zahnarzt, vorbeimarschiert sein. An den Steinen, die schon das Haus in der Reinsburgstraße zierten, das damals noch ein Neubau war. Vielleicht hat der König ja auch mal angehalten, um den Besitzer mit einem Gruß zu beehren? Und vielleicht stellte ein in dem Haus wohnendes Kind dem spendablen, kinderfreundlichen und immer mit Süßigkeiten ausgestatteten König auf dessen Weg die Frage, die so viele Stuttgarter Buben und Mädle auf den Lippen hatten, wenn sie ihrem Herrscher begegneten: „Keenig, hoscht mer nex?"

Eva-Maria Bast

So geht's zu den Spolien:

Sie befinden sich über der Eingangstür des Gebäudes in der Reinsburgstraße 35a.

Werkstatthaus Ost
Die bewegte Geschichte der Villa Hauff

Ist das malerisch! Wenn man von der Gänsheide die Gerokstraße in Richtung Stadtzentrum hinunterfährt, erblickt man an der Kurve in Richtung Eugensplatz einen fast märchenhaft anmutenden Prachtbau mit steil aufragendem Satteldach. Teilweise versteckt zwischen Bäumen, thront das Schlösschen am Fußweg zur Uhlandshöhe.

Das erhabene Gebäude ist seit nunmehr über sechs Jahrzehnten öffentlich zugänglich, denn es beherbergt ein Kunst- und Kulturzentrum – das „Werkstatthaus Ost". Doch der imposante Bau, der heute viele faszinierende Kunstwerke und ein eigenes „Werkstatt-Café" zum kreativen Austausch beherbergt, hat eine äußerst wechselvolle Geschichte hinter sich. Wer konnte sich einst ein derart prachtvolles Gebäude in dieser herrlichen Lage leisten? Wer baute es, wer residierte hier, bevor das Gebäude in öffentliche Hand kam? Und was ist dran an den Gerüchten unter Alt-Stuttgartern, in dem Gebäude habe einst die SS gehaust?

Mehr dazu weiß Stuttgarts bekanntestes „Fräuleinwunder": Travestie-Star Wommy Wonder. „Ganz früher befanden sich auf dem Areal ein alter Steinbruch und Weinberge des Klosters Bebenhausen", erklärt Fräulein Wonder, die im Privatleben der studierte Theologe und Germanist Michael Panzer ist. Im 19. Jahrhundert habe das Grundstück dem königlich-württembergischen Hofwerkmeister Ferdinand Wilhelm Kösler (1794-1878) gehört. „Seine Tochter Anna heiratete 1862 den Feuerbacher Säurefabrikanten Julius Hauff, der durch die Gewinnung von Öl aus Schiefer auf der Schwäbischen Alb zu Geld gekommen war", erklärt Panzer alias Frl. Wommy Wonder. „Durch die Hochzeit mit Anna Kösler kam das Grundstück auf der Uhlandshöhe dann in Hauff'schen Familienbesitz."

Die Villa dort habe Anfang des 20. Jahrhunderts Julius Hauffs Sohn Friedrich Wilhelm (1863-1935) bauen lassen. Geld für den

Fräulein Wommy Wonder an der Gerokstraße vor „ihrer" Villa Hauff, am rechten Bildrand der frühere Chauffeurs-Bau.

Prachtbau sei laut Michael Panzer genug vorhanden gewesen, denn der Hauff-Filius habe den Familienbetrieb äußerst erfolgreich um den fotochemischen Bereich erweitert. Experten für die Geschichte der Fototechnik wissen es: Die fotografische „Hauff-Platte" war international bekannt, außerdem hatte Hauff Junior das Patent für die berühmte Entwicklerlösung „Metol". „Dieser Pionier der fotochemischen Industrie erhielt auch die silberne Medaille der Weltausstellung 1900 in Paris! Ein äußerst wohl gelittener Herr, der Friedrich Wilhelm Hauff. Er war beispielsweise mit den Industriellen Daimler, Bosch, Graf Zeppelin sowie dem Komponisten Engelbert Humperdinck befreundet – und hatte sogar eine waschechte Adelige zur Frau", so Panzer. Jene „waschechte" württembergische Adelige, Maria Regina Elisabeth, Freiherrin von König-Warthausen sei denn auch die erste Namenspatin des neuen Gebäudes geworden: Zunächst hieß es nämlich „Villa Regina".

Zur Erstellung der Pläne suchte sich Friedrich Wilhelm einen Architekten auf der Höhe jener Zeit. Beim bestens ausgeprägten Netzwerk der Hauffs kein Problem: Die Familie war mit Karl Hengerer (1863-1943) befreundet. Dieser entwarf von 1890 bis 1919 insgesamt über vierhundert Gebäude, anfangs meist mit den Stilelementen der zeittypischen Neurenaissance und Neugotik. Dazu Michael Panzer: „Mit dem Entwurf für Hauffs Villa kamen 1903 noch romantisch anmutende Erker, Arkadengänge, Fachwerk und Putzfassaden hinzu. Sogar architektonische Anspielungen auf Schloss Neuschwanstein entdeckt man an der 1904 fertiggestellten Villa – eine romantisierende Gegenreaktion auf die zunehmende Technisierung jener Zeit. Dabei war Hauff selbst alles andere als ein Technik-Gegner!" Tatsächlich: Nur wenige Schritte entfernt,

Bunter Stilmix: Theologe, Germanist und Travestie-Künstler Michael Panzer vor dem Eingang des heutigen „Werkstatthaus Ost" mit der Außenterrasse des Werkstattcafés.

am Fuße der imposant geschwungenen herrschaftlichen Auffahrt zur Villa, wurde ein zweites, kleineres Haus, ebenfalls mit Fachwerkelementen, geplant. Ursprünglich war es als Pferdestall angedacht. Doch Hauff, der seine neue Villa sogar mit einer selbsterfundenen zentralen Staubsaugeranlage im Keller ausgestattet hatte, war technisch immer auf der Höhe seiner Zeit. Daher wurde das zweite Gebäude nicht Stall, sondern Garage samt Chauffeurs-Wohnung. „Denn selbstverständlich war Hauff einer der ersten Stuttgarter, der ein Automobil besaß", erklärt Wommy und ergänzt grinsend: „Natürlich einen Daimler!"

„*Sogar architektonische Zitate auf Schloss Neuschwanstein entdeckt man an der 1904 fertiggestellten Villa – eine romantisierende Gegenreaktion auf die zunehmende Technisierung jener Zeit.*"

Da die Hauffs weiterhin die Weinstöcke auf dem Areal bewirtschafteten, wurde in den neuen Prachtbau auch ein zweistöckiger Weinkeller mit eigener Kelter eingebaut. „Seit 1980 beherbergt dieser Gewölbekeller übrigens das bekannte, von Anni Weigand gegründete Stabpuppentheater ‚La Plapper Papp'", freut sich Kulturfreund Michael Panzer.

Wie kam es denn nun eigentlich dazu, dass der einstige Familienbesitz öffentlich wurde? „Der wirtschaftliche Erfolg Hauffs dauerte nicht lange", erläutert Panzer. „Ausgerechnet der technische Fortschritt brach ihm finanziell das Genick: Der aufkommende Rollfilm verdarb das Geschäft mit seinen Fotoplatten."

Im Ersten Weltkrieg habe die Villa als Lazarett gedient, und nach Hauffs Tod im Jahre 1935 hätten seine Töchter sie an die Stadt Stuttgart verkaufen müssen. Panzer erzählt: „Nach einer kurzen Phase als Haus mit Mietswohnungen begann die traurigste Zeit des Schlösschens: 1939 beschlagnahmte die NSDAP das Gebäude, um es künftig als SS-Stützpunkt zu missbrauchen." 1945 hätten dann die Amerikaner hier zeitweise ihr Konsulat etabliert. 1953 schließlich folgte das Jugendhaus Ost mit der Galerie am Berg, die 1985 in das bis heute bestehende Werkstatthaus umgewandelt wurden.

Und wie kommt es, dass ausgerechnet ein Travestiekünstler so viel über „Stuttgarts Neuschwanstein" weiß? „Ganz einfach, die Villa hat mir mal gehört", erklärt Wommy mit einem Augenzwinkern.

Ernsthaft? Wie das? „Von 1995 bis 2010 diente das Werkstatthaus als Außenkulisse der von Studenten gedrehten Trashfilm-Reihe ‚Glückliche Tage'. Das war eine Seifenopern-Persiflage, die hier in Stuttgart in neun abendfüllenden Filmen in den Programmkinos und ab 2003 auch europaweit im Satellitenfernsehen lief und Kult-Status erreichte. In der von der Stuttgarter Zeitung als ‚ultimative Trash-Perle' bezeichneten Serie ging es um die Eskapaden der fiktiven Stuttgarter Familie Bertani, einer Brathähnchen-Dynastie. Zum Ende der Serie übernahm ich im Film von der befreundeten Familienmutter die Residenz." In der Reihe seien auf dem Grundstück auf der Uhlandshöhe teure Limousinen vorgefahren, Skelette und Nazi-Schätze gefunden sowie Großbrände gelöscht worden. Die Innenaufnahmen habe man laut Wommy jedoch bei einer mit dem Filmteam befreundeten realen Millionärsfamilie drehen müssen. „Denn wo in der Villa Hauff vor hundert Jahren die Industriellenfamilie bei selbst angebautem Wein dinierte und Humperdinck Konzerte gab, entsteht heute ja stattdessen in acht Werkstatträumen mit atemberaubendem Blick auf den schönen Stadtkessel atemberaubend schöne Kunst", erläutert Michael Panzer. „Und das ist auch gut so."

Jørn Precht

So geht's zum Werkstatthaus Ost:

Das Werkstatthaus befindet sich in der Gerokstraße 7 in der Kurve, die nach dem Eugensplatz den Berg hinaufführt. Der Zugang zum Gelände des Werkstatthauses ist direkt gegenüber der Haltestelle „Heidehofstraße" der U15. Hier hält auch die Buslinie 42.

Stammheim steht an der Wand geschrieben – daneben: ein Kranz aus Stahlbeton.

Schriftzug
Stammheim. Stammheim?

Stammheim. Riesengroß, in weißer Schrift, steht dieses Wort auf einer grauen Wand am Kunstgebäude geschrieben. Daneben ein großer, grün gestrichener Kranz aus Stahlbeton, aus dem die Armiereisen herausragen. Das war's. Keine Hinweistafel, keine Erklärung, nichts. Gibt es eine Verbindung zwischen beidem? Wohl schon. Aber welche? Eine, die es weiß, ist Kunsthistorikerin Andrea Welz. „Dieses Werk ist 1984 entstanden, der damals junge Künstler Olaf Metzel hat es realisiert." Zu jener Zeit sei das Thema RAF noch stark in den Köpfen der Stuttgarter präsent gewesen. „Es reichte das Wort Stammheim. Darin steckte so viel." Denn jeder habe Stammheim seinerzeit sofort mit der RAF assoziiert. „Dort steht das Hochsicherheitsgefängnis, in dem die Anführer der RAF saßen, dort fanden auch die Prozesse statt."

Das Werk am Kunstgebäude besteht aus Kranz und Schriftzug. „Es gab Täter, aber es gab auch Opfer, Opfer auf beiden Seiten", interpretiert die Kunsthistorikerin. „Dieser Kranz ist für die Opfer. Eines der Opfer hieß Hanns Martin Schleyer." Er wurde von der zweiten Generation der RAF-Terroristen entführt, um die Freilassung der ersten Generation zu erpressen. Der damalige Bundeskanzler Helmut Schmidt ließ sich nicht auf die Forderungen ein, Schleyer wurde erschossen. Aber Schleyer war ja nicht nur Opfer, sondern, als ehemaliges SS-Mitglied, selber auch Täter, damals im Dritten Reich.

Kunsthistorikerin Andrea Welz hat viel über den Kranz und den Schriftzug nachgedacht.

Stuttgart, erinnert Andrea Welz, sei von der Geschichte der RAF stark geprägt gewesen. „Gudrun Ensslin hat in Tübingen studiert. Klaus Croissant hatte seine Anwaltskanzlei hier. In Stuttgart war das Gefängnis. Und da sind sie am 18. Oktober 1977 gefunden worden." Der Vollständigkeit halber: Gudrun Ensslin war eine der Terroristinnen. Klaus Croissant einer der RAF-Anwälte. Und gefunden wurden Ensslin, Baader, Raspe und Möller im Hochsicherheitstrakt in Stammheim, nachdem sie wohl Suizid begangen hatten. Ulrike Meinhof, Mitglied der ersten Generation der RAF, hatte sich schon anno 76 in ihrer Zelle erhängt. Dass die Terroristen Suizid begingen, was vermutet wurde, gilt inzwischen als gesichert. Doch man hat das lange untersucht, es gab auch Indizien, die darauf hindeuteten, es könnte Mord gewesen sein: Andreas Baader wurde mit Genickschuss aufgefunden, die Waffe lag 40 Zentimeter von ihm entfernt. Irmgard Möller überlebte mit zahlreichen Stichwunden nahe dem Herzen schwerverletzt und sagte später aus, es sei Mord und in ihrem Fall versuchter Mord gewesen, eine These, die auch die RAF-Anwälte vertraten.

Die Tatwaffen gehörten jedenfalls zu denen, die Kanzlei-Gehilfe Speitel in einer raffinierten Vorrichtung in Aktenordnern zu den Terroristen ins Gefängnis geschmuggelt hatte. Auf diesem Wege gelangten auch ein Radio und Elektroteilchen in die Zellen der RAF-Mitglieder, die alles in der Gefängnismauer versteckten. Terrorist Jan-Carl Raspe, auch das gilt inzwischen als gesichert, erfuhr über das eingeschmuggelte Radio in seiner Einzelzelle, dass der geplante Befreiungsversuch gescheitert war. Hanns Martin Schleyer war von RAF-Angehörigen gekidnappt worden, die Terroristen entführten außerdem das Flugzeug ‚Landshut' und ermordeten den Piloten – die anderen Geiseln konnten jedoch befreit werden. Über eine mittels der Elektroteile gebaute Gegensprechanlage soll Raspe seine Mitgefangenen – man saß in Einzelhaft – davon verständigt haben. Daraufhin sollen die Terroristen sich zum kollektiven Selbstmord verabredet haben. Zahlreiche Gutachten führten zu der Erkenntnis, dass es sich – auch bei Baader – um Selbstmord handelte.

„Es reichte das Wort Stammheim. Darin steckte so viel."

In jenen Tagen der Schleyer-Entführung und der „Todesnacht von Stammheim", wie man sie später nennen sollte, war Stuttgart im Ausnahmezustand. Genauso wie schon fünf Jahre zuvor, am Freitag, dem 2. Juni 1972. Mittags gab es eine Bombendrohung von Baader-Meinhof, die Schulkinder wurden nach der vierten Stunde nach Hause geschickt, die Bürger aufgefordert, zu Hause zu bleiben. Die Sirenen gingen los. Einen Bombenanschlag gab es nicht. Und die Stuttgarter Zeitung titelte am folgenden Tag: „Keine Bombenanschläge auf Stuttgart".

Übrigens: Der Schriftzug *Stammheim* ist unten mit weißer Farbe verschmiert. Es wirkt, als wäre es die Absicht des Künstlers. „Ist es aber nicht", sagt Andrea Welz. „Irgendjemand wollte das wohl übermalen, später war im Gespräch, es zu restaurieren, aber dazu kam es nie."

Eva-Maria Bast

So geht's zum Schriftzug:

Der Schriftzug und der Kranz befinden sich an der Wand des Kunstgebäudes, Schloßplatz 2, auf dem Vorplatz zwischen Alt- und Neubau in Richtung Eckensee auf der dem Opernhaus gegenüberliegenden Seite.

Detailansicht des Wappenschilds.

29
Königstor-Wappenschild
Klassizismus auf dem Weg zur S-Bahn

Wer durch die Bahnhofshalle hetzt, hat leider selten Zeit, diese einmal ausführlicher zu betrachten. Das ging dem Sozialpädagogen Andreas Bühler zunächst nicht anders. Als Bereichsleiter in der kirchlichen Jugendarbeit ist er viel unterwegs, vorzugsweise mit der Bahn. „So kann ich die Reisezeit zur Vor- und Nachbereitung meiner Treffen nutzen", erklärt der Degerlocher. „Erst als Teile des Bahnhofs-Baus aus für Stuttgart 21 abgerissen werden sollten, habe ich seine Architektur genauer betrachtet – und in der Halle zu meiner großen Überraschung ein echtes Stück Klassizismus entdeckt." Klassizismus? Hier? Scheint eigentlich nicht zu passen! Jene kunstgeschichtliche Epoche wird etwa im Zeitraum zwischen 1770 und 1840 eingeordnet – der heutige Hauptbahnhof wurde allerdings erst zwischen 1914 und 1928 gebaut.

Trotzdem: Wenn man wie Andreas Bühler am Mittelausgang des Hauptbahnhofs nach oben sieht, entdeckt man darüber einen großen Wappenschild. Er wird von der folgenden Inschrift flankiert: V*om ehemaligen Koenigsthor mdcccx / Abgebrochen im Jahr mdccccxxii.* „Dieses zuletzt gebaute Stuttgarter Stadttor wurde 1809 von Leopold Retti und Nikolaus Friedrich von Thouret unter König Friedrich erbaut", hat der Bahnhofs-Stammgast Bühler recherchiert. „1810 wurde es am Abschluss der unteren Königstraße einweiht, war ungefähr 12 Meter hoch und mit seinen beiden flankierenden niedrigen Wachhäusern fast 20 Meter breit. Es sah aus wie ein römischer Triumphbogen – eben typisch für den klassizistischen Stil." Die stadteinwärts gerichtete Innenseite des Königstors wurde von den überkronten, mit einem Lorbeerkranz umrahmten Initialen FR (Fredericus Rex) König Friedrichs geschmückt, die Außenseite zierte der von Lorbeerzweigen flankierte königliche Wappenschild mit den württembergischen Wappentieren Hirsch und Löwe. Und wie kam dieses Wappen dahin, wo es heute hängt? 1910 schrieben die Königlich Württembergischen Staatseisenbahnen einen Architektenwettbewerb aus. 500 Meter östlich von seinem Vorgängerbau, dem Central Bahnhof (siehe Geheimnis 05), sollte ein neuer, größerer Hauptbahnhof entstehen. Sieger war das Büro von Paul Bonatz (1877-1956) und Friedrich Eugen Scholer (1874-1949) mit dem Entwurf „umbilicus sueviae" – „Nabel Schwabens".

Während der Bauarbeiten entpuppte sich der sperrige Königstor-Komplex zunehmend als Verkehrshindernis. 1922 sollte er deshalb abgebrochen werden. „Schon damals gab es Bürgerinitiativen gegen so etwas", erklärt Andreas Bühler. „Der geplante Wiederaufbau des Königstors wurde dann aber durch die große Inflation verhindert. Einige Überreste befinden sich heute im Städtischen Lapidarium Stuttgart, dem Steinwerk-Museum unterhalb der Karlshöhe." Den Wappenschild und die beiden Löwentrophäen ließ Paul Bonatz in

Andreas Bühler vor dem Mittelausgang in der Bahnsteighalle mit dem Wappenschild des ehemaligen Königstors.

seinen neuen Bahnhof einbauen. Die beiden Trophäen wurden im Jahr 1944 zerstört, als der Bau bei Luftangriffen im Zweiten Weltkrieg gleich mehrfach getroffen wurde. Nur der Wappenschild blieb noch erhalten. Der Wiederaufbau des Bahnhofs zog sich anschließend über mehrere Jahre hin. „Am 1. Oktober 1978 fuhr hier die erste S-Bahn, und seit 1987 ist der Hauptbahnhof als Kulturdenkmal ins Denkmalbuch eingetragen", erläutert Andreas Bühler weiter. „Leider war das Landgericht Stuttgart jedoch der Auffassung, dass nur die Kopfbahnsteighalle, die Schalterhallen, der Turm und die Säulenhalle schützenswert seien, und befürwortete daher 2010 den Abriss der Seitenflügel." Der Bahnfahrer aus Überzeugung tröstet sich: „Wenn der unterirdische Durchgangsbahnhof, der die Gemüter der Stadt ja gespalten hat, irgendwann einmal fertiggestellt sein sollte – immerhin dieses klassizistische Wappen hier im Bonatz-Bau wird erhalten bleiben."

Jørn Precht

So geht's zum Königstor-Wappenschild:

In der großen Schalterhalle des Stuttgarter Hauptbahnhofs hängt der Wappenschild über dem Mittelausgang.

Laura Halding-Hoppenheit: „Die stolze Leuchtreklame wäre bei der Eröffnung 1976 zu gefährlich gewesen."

30
„Kings Club"–Eingang
Im Schutz der Königin der Nacht

Alteingesessene Stuttgarter kennen sie schon seit gut einem Vierteljahrhundert: die imposante Leuchtreklame über der roten Stahltür an der Gymnasiumstraße nahe der Stadtmitte. *Kings Club* steht da in dicken goldenen Lettern auf einem Vordach, darüber prangt im Halbrund eine große Krone. Mancher Passant mag sich fragen: Wer fühlt sich denn da so königlich in der Schwabenmetropole, dass er derart selbstbewusst ein solch royales Logo anbringt? Die Antwort weiß jene Frau, die in 1990er-Jahren in einem Filmportrait selbst „Königin der Nacht" genannt wurde: Laura Halding-Hoppenheit. Die stets schwarze Walle-Röcke tragende heutige Besitzerin des Clubs, deren im 60er-Jahre-Stil toupierter Haar-Turm ebenso feuerrot gefärbt ist wie die Leuchtreklame mit der Krone, gilt in der Szene als Ikone. Die einen nennen sie „Mutter Teresa

Stuttgarts", die anderen „Hexe"! So bezeichnet sie sich übrigens auch selbst. Die auffällig geschminkte Dame klärt zunächst mal auf, dass der königliche Club wesentlich älter ist als ein Vierteljahrhundert. Bereits gut vier Jahrzehnte habe er auf dem Buckel. Doch zunächst bemerkten die Stuttgarter ihn kaum – aus gutem Grund. „Eine Leuchtreklame wäre bei der Eröffnung 1976 noch keine gute Idee gewesen", erklärt Laura Halding-Hoppenheit, die von allen nur beim Vornamen genannt wird. „15 Jahre lang lag der Kings Club im Dunkeln. Dennoch haben Leute irgendwann mitbekommen, dass hier ein Homosexuellen-Treff ist. Unsere Autos wurden demoliert, die Tür zum Club aufgerissen, Steine reingeworfen und geschrien: ‚Scheiß-Schwuchteln!'" Wie kam eine damals junge Frau aus Rumänien ausgerechnet in diesen Club?

1970: Laura Halding-Hoppenheit darf im Rahmen ihres Studiums der Kunstgeschichte und Archäologie in Bukarest für drei Monate Deutschland besuchen – und kehrt ihrer sozialistischen Überzeugung zum Trotz nicht in die Heimat zurück. Stattdessen kommt sie nach Hamburg. „Dort war ich eine Ausländerin und wurde trotz eines Promotionsstipendiums ausgeschlossen und verlacht. Die Einzigen, die sich mit mir solidarisiert haben, waren die Schwulen. Auch sie wurden ja von der Gesellschaft ausgegrenzt. Ich fühlte, dass das meine Familie ist, die mich unterstützt." Deshalb suchte sie deren Nähe auch, als sie 1976 mit ihrem deutschen Ehemann ins konservative Stuttgart kam, wo er Chefredakteur wurde. „Ich fand meine Community in der wundervollen Kunstszene Stuttgarts, zum Beispiel in John Crankos Ballett, wo ich auch Legenden wie Marcia Haydée und Egon Madsen kennenlernen durfte." Es gab laut Halding-Hoppenheit in Stuttgart damals allerdings nur kleine Lokale, in denen sich Homosexuelle treffen konnten, Treffpunkte voller Angst, am Rande der Illegalität. Vorsicht war ständig geboten! „Dann erzählte eines Tages ein Freund: ‚In

Die „Königin der Nacht" vor ihrem erfolgreichsten Club.

Stuttgart eröffnet einer der größten Clubs in Deutschland.' Eine echte Sensation fürs ‚Ländle' – der ‚Kings Club'!" Nun erklärt sie auch den Namen: „Das sollte eine sichere Zuflucht sein für die Schwulen. Endlich ein Ort, wo sie sich nicht diskriminiert, sondern königlich fühlen konnten." Die Diskriminierung war tatsächlich allgegenwärtig, auch von Staats wegen: Es existierte damals noch der Paragraph 175, der sexuelle Handlungen zwischen Männern unter Strafe stellte. „Viele Schwule haben damals den Job und die Wohnung verloren, weil sie geoutet wurden.

„Das sollte eine sichere Zuflucht sein für die Schwulen. Endlich ein Ort, wo sie sich nicht diskriminiert, sondern königlich fühlen konnten."

Manchmal kam die Polizei zur Durchsuchung, wenn zwei Männer zusammenwohnten und nicht beweisen konnten, dass es sich um eine WG handelte", erinnert sich Laura Halding-Hoppenheit. „Umso wichtiger war der geschützte Raum eines eigenen, großen Clubs. Aus dem ganzen Land strömten sie zur Eröffnung herbei, alle feierlich herausgeputzt, im Anzug oder sogar im Smoking mit Fliege – zum Glück passen hier ja fast 600 Leute rein. Lauter freundliche, glückliche Gesichter. Alles hat geglänzt, goldene Spiegel an den Wänden, Plüsch, alles pompös – Tunten-Barock. Wunderbar!" Halding-Hoppenheit erwarb sich Vertrauen in dieser besonderen Szene, arbeitete sich von der Garderobenfrau über eine eigens für sie gebaute kleine Bar zur Chefin der großen Bar hoch. „Es kam, wie es kommen musste – mein damaliger Mann stellte mich vor die Wahl: die Szene oder ich." Sie entschied sich für die Szene. Mehr denn je musste die nunmehr alleinerziehende Halding-Hoppenheit den Spagat schaffen zwischen ihren zwei kleinen eigenen Kindern und den „anderen Kindern" im Club. „Die wurden diskriminiert, zusammengeschlagen, ja, ermordet. Oft kamen Gäste blutüberströmt zu mir. Eine Anzeige war selten möglich, die meisten lebten ja wie gesagt ungeoutet, viele waren sogar verheiratet. Ich sagte schon damals immer: ‚Eines Tages sind wir stark; und wenn ich stark bin, dann mache ich etwas für euch.' Mein Publikum und ich wurden dann politischer." Netzwerke auf Bundesebene wurden aufgebaut. „1979 gab es die erste kleine Demo in Stuttgart, eine Art Baby-Christopher-Street-Day. Auf die Straße zu gehen hieß aber auch, sich zu outen. Und die Angst war anfangs oft größer als der Drang nach Freiheit." Immerhin: Der Paragraph 175 verschwand zwar erst 1994, wurde aber in der Praxis schon zehn Jahre zuvor nicht mehr angewandt.

Halding-Hoppenheit sorgte auch dafür, dass die Anzahl der Treffpunkte stieg. „Zeitweise habe ich vier Lokalitäten betrieben – und Jahre gebraucht, bis die Kredite dafür abbezahlt waren", blickt sie schmunzelnd zurück. „Das Geld, das die Gastronomin im Lauf der Jahre mit ihren Clubs verdiente, hat sie auch für soziale Projekte verwendet: Sie finanzierte Streetworker für HIV-Positive, rief „Laura's Stiftung" für kranke Kinder in Baden-Württemberg ins Leben und ist im Vorstand eines Vereins zur Hilfe für suchtmittelabhängige Frauen in Stuttgart. Am 23. Januar 2014 wurde ihr in Stuttgart das Bundesverdienstkreuz am Bande verliehen; ein Vierteljahr später trat sie bei der Stuttgarter Kommunalwahl an und schaffte es tatsächlich in den Gemeinderat. In der Mitte der Gesellschaft angekommen, wird sie von vielen hofiert, die sie früher unschön angegriffen und diffamiert haben.

Nun sind alle Geheimnisse geklärt, nur eines wird Laura Halding-Hoppenheit, privat inzwischen mehrfache Großmutter, nie verraten: ihr Alter! „Weil manche Menschen dann glauben, dass ich meinen Kampf aufgebe. Die stecken mich gleich in eine Schublade, wieder eine Form der Diskriminierung. Aber mein Hexenbesen hat noch genug Treibstoff, ich fliege weiter herum." Bleibt also zu hoffen, dass das selbstbewusste Logo des Kings Club noch durch viele Nächte leuchtet.

Jørn Precht

So geht's zum „Kings Club"-Eingang:

Das KC befindet sich in der Gymnasiumstraße an der Ecke zur Calwer Straße, auf halber Höhe zwischen Königstraße und Theodor-Heuss-Straße.

Diese Terrasse war einst ein Tennisplatz. Hier gaben sich die Herren dem Sport hin, während die Damen im darüberliegenden Rundbau ihren Tee einnahmen.

3|

Terrasse
Waschpulverkönig mit Hang zur Schönheit

Wer hier steht und die Aussicht genießt, denkt ziemlich sicher nicht an Waschpulver. Und auch nicht an Tennisspielen. Gut, der eine oder andere schreibt dort möglicherweise gedanklich einen Einkaufszettel, grübelt darüber nach, dass ihn zuhause noch Wäscheberge erwarten oder spielt im Geiste ein paar schnelle Bälle über den Platz. Aber das war's dann auch schon. Dabei gäbe es all diese Pracht, die man hier wahrnimmt, ohne Waschpulver nicht. Genauer gesagt: ohne die Erfindung von Seifenpulver durch einen Stuttgarter. „Viele, die täglich hier oben im fünf Hektar großen Weißenburgpark sitzen und die Aussicht genießen, wissen gar nicht, wie der Park entstanden ist", stellt Nina Ayerle fest. Als sie vor zwölf Jahren in die schwäbische Landeshauptstadt kam, ging ihr das selbst nicht anders. Nina Ayerle ist als Redakteurin der Stuttgarter

Zeitung und der Stuttgarter Nachrichten für den Süden der Stadt zuständig. Sie begann zu recherchieren und fand sich plötzlich inmitten einer Geschichte wieder, die spannender nicht sein könnte:

In den Jahren 1843/44 hat der damalige Stadtbaumeister Albert Föhr im Weißenburgpark eine klassizistische Villa errichten und einen Park anlegen lassen. Das Anwesen sollte dem Hofbediensteten Heinrich Fellger „als Ausflugs- und Kurgasthaus, genauer als Luft- und Molkekuranstalt mit Konditorei und Café" dienen, wie einem Aufsatz von Judith Breuer und Gertrud Clostermann zu entnehmen ist. Das Gebäude war in Stuttgart als „Weißenburg-Villa" bekannt; der Seifenhersteller und Ägyptenforscher Ernst von Sieglin (1848-1927) kaufte es 1898. „Er hat den ganzen Park umgestalten und in den Jahren 1912 und 1913 das Teehaus und den Marmorsaal bauen lassen, die beide heute noch erhalten sind", erzählt Nina Ayerle. „Mit der Erstellung des klassizistischen Rundbaus, des Teehauses, hat er Architekt Heinrich Henes beauftragt", erzählt die Journalistin. Die Zeitschrift „Deutsche Kunst und Dekoration" hat dem Garten im Jahr 1914 einen Artikel gewidmet, darin heißt es: „Grundlegend für die ganze Anlage war das Bedürfnis nach einem Tennisplatz und nach einer Gelegenheit, des Sommers im Garten den Tee zu nehmen und zugleich das Leben auf dem Spielplatz zu überblicken. Dabei kam der Gedanke auf, den entstehenden Raum unter dem Tennisplatz zu einem festlichen Gartensaale auszunutzen, und dieser wieder erforderte als Ausgang und Vorbereitung die vorgelegte Terrasse." Die Autoren von „Deutsche Kunst und Dekoration" waren voll des Lobes: „Was so entstand, ist mustergültig in der Ausnützung des Terrains, in der Anschmiegung an die landschaftlichen Elemente, besonders an die prächtige dunkle Tannenkulisse bei der Terrasse und die rotgoldene Bergwand bei dem kleinen Teich in der Höhe."

Während die Fabrikantengattin droben im Teehaus Tee zu sich nahm und dabei mit ihren Freundinnen plauderte, gaben sich die Herren auf dem etwas tiefer gelegenen Tennisplatz dem Sport hin oder führten im Marmorsaal unter der Terrasse wichtige Gespräche. Und wichtige Gespräche hatte Ernst von Sieglin eine ganze Reihe zu führen. Den Grundstein für sein Vermögen legte er – und nun kommen wir endlich zum Waschmittel – mit pulverisierter Seife.

Ernst von Sieglin, damals noch ohne „von", geht in Stuttgart zur Schule auf das Gymnasium illustre, anschließend absolviert er eine kaufmännische Ausbildung, bevor ihn sein Weg nach London führt. Im dortigen „Ockendon Company Wollwarenexport" ist er im Kontor eingesetzt. Als er anschließend wieder zurück in Deutschland ist und als Buchhalter arbeitet, versucht er sich in seiner Freizeit an der Pulverisierung von Seife. Doch Sieglin ist Kaufmann, kein Chemiker, ihm fehlt schlicht und einfach das Know-how, um Erfolg zu haben. Das ist jedoch für ihn kein Grund aufzugeben.

1876 nach London zurückgekehrt, besucht er Chemievorlesungen und lernt den Chemiker Richard Thompson kennen, den Erfinder der flüssigen Seife. Zusammen mit ihm glückt die Pulverisierung derselben. Mit dem alleinigen Vertriebsrecht für Deutschland, die Niederlande und Belgien in der Tasche geht Sieglin 1877 nach Aachen, wo er mit der Herstellung von „Dr. Thompson's Seifenpulver" beginnt. Das Pulver findet reißenden Absatz, Sieglin

Nina Ayerle hat sich einen Tennisschläger geschnappt und sich auf den einstigen Tennisplatz gestellt.

baut ein Werk nach dem anderen, es geht immer weiter bergauf. Doch die Konkurrenz steht schon in den Startlöchern: vor allem die Firma „Henkel & Cie", die seit 1907 „Persil" herstellt, macht ihm zu schaffen. Dennoch führt er sein Unternehmen erfolgreich weiter. Und mit dem Geld, das er damit verdient, weiß er einiges anzufangen – die Errichtung eines Teehauses für seine Frau zum Beispiel nach der Umsiedlung nach Stuttgart.

Aber Sieglin ist auch Kulturmäzen, was den ungewöhnlichen Bogen vom Seifenhersteller zum Ägyptenforscher erklärt. Bestimmt wäre er das eine nicht ohne das andere geworden, denn nur durch das Vermögen, das er sich dank der Seifenpulverherstellung aufbauen kann, ist es ihm möglich, Ausgrabungen in Ägypten zu finanzieren und wertvolle Exponate an Universitäten zu schenken. Auch der württembergische König Wilhelm II. (1848-1921) kommt in den Genuss einer Schenkung, die er zunächst in die Kgl. Staatssammlung Vaterländischer Kunst- und Altertumsdenkmale gibt, das heutige Landesmuseum Württemberg. Die Universität Tübingen dankt ihm 1906 mit der Ehrendoktorwürde, und Wilhelm II. verleiht ihm gar den Titel des Geheimen Hofrats und ein „von" vor dem Namen.

Der Kunstliebhaber machte aus seinem Park also ein eigenes Kunstwerk. Leider wussten zahlreiche nachfolgende Generationen die Anlage nicht in dem Maß wertzuschätzen, wie sie es verdient hätte: 1956 verkauften die Erben Ernst von Sieglins den Weißenburgpark an die Stadt Stuttgart, die dem Teehaus für die bevorstehende Bundesgartenschau zwar 1961 eine fachgerechte Sanierung angedeihen ließ, die Villa aber wurde 1964 abgerissen. Park und Teehaus verfielen, bis der Förderverein Alt-Stuttgart in den 80ern beide sanieren ließ, dazu auch die Deckenmalerei des Künstlers Julius Mössel (1871-1957).

Bleibt eigentlich nur noch eine Frage zu klären: Warum heißt die Grünanlage „Weißenburgpark"? „Hier stand im Mittelalter der Burgstall Weißenburg. Die Burg gehörte den Grafen von Württemberg", weiß Nina Ayerle. „Sie wurde 1312 zerstört, der Name blieb."

Und deshalb ist dieser Park voller Erinnerungen an die Vergangenheit: Der Name erinnert an den Ursprung, das Teehaus und die Terrasse an das prachtvolle Leben der Unternehmerfamilie.

Eva-Maria Bast

So geht's zur Terrasse:

Sie befindet sich in der Weißenburganlage in Stuttgart-Süd auf dem Bopser und liegt etwas unterhalb des Teehauses.

Andrea Hahn sieht den lesenden Frauen über die Schulter.

Brunnen
Knackige Sprüche und ein großes Herz

32

Sie sind innig in ihre Lektüre vertieft, die beiden bronzenen Frauen, die da auf den Brunnenstufen aus Schwarzwälder Granit sitzen. Das, was sie lesen, scheint ganz besonders spannend zu sein und sie sehr zu fesseln. Hinter ihnen sitzt noch eine dritte Frau, sie jedoch blickt in den Himmel, in die Wolken, zu den Vögeln hinauf. Interessiert sie sich nicht für die Lektüre? Eher wirkt es, als habe sie gerade einen Satz gelesen, über den sie nachdenken muss, als träume sie beim Lesen fort, wie das so viele Frauen tun. Frauen und Lesen – dem ist ja durchaus etwas Romantisches, Verträumtes eigen. Andrea Hahn, die in Stuttgart Literatur-Spaziergänge anbietet, kommt bei ihren Führungen immer wieder hier her. Da sie über die Frau, der er gewidmet ist, oft Vorträge gehalten hat, kennt sie natürlich die Geschichte des Brunnens: „Er wurde zu Ehren von Elly Heuss-Knapp errichtet", verrät sie. „Sie hat das Müttergenesungswerk

117

gegründet; mit diesem Brunnen wollte man ihr und dieser Institution ein Denkmal setzen. Und sie hat sich sehr für die Bildung von Frauen eingesetzt und für deren Entlastung."

Schon im Jahr 1950, kurz nach der Entstehung der Bundesrepublik, gründet Elly Heuss-Knapp (1881-1952) das Deutsche Müttergenesungswerk. Sie will jenen Frauen helfen, die die Kriegs- und Trümmerjahre das letzte bisschen Kraft gekostet haben. Eine Kur können sie bisher nicht machen, denn welche Frau hat schon eine sozialversicherungspflichtige Arbeit! Elly Heuss-Knapp versammelt die Arbeiterwohlfahrt, den Paritätischen Wohlfahrtsverband, das Deutsche Rote Kreuz, den evangelischen Fachverband für Frauengesundheit und die katholische Arbeitsgemeinschaft für Müttergenesung. Die „Krönung ihres Lebens" wird dieses Werk sein.

Elly Heuss-Knapp, das war eine Frau, die schon vor dem Zweiten Weltkrieg vorlebte: Eine Frau kann auf eigenen Beinen stehen, Kreativität ausleben, revolutionieren und trotzdem liebevoll sein. Dabei wird ihr selbst diese Mutterliebe nicht wirklich zuteil, kurz nach ihrer Geburt 1881 erkrankt ihre Mutter an einem seelischen Leiden und muss im Sanatorium leben. Elly wächst bei ihrem Vater auf. Vielleicht hat auch das sie so selbstständig gemacht. Und das Gedankengut, dass Mädchen *natürlich* auch Bildung erfahren sollen, das verdankt sie einem Geist, der in ihrem Elternhaus herrscht. Sie lernt den evangelischen Pfarrer Friedrich Naumann (1860-1919) kennen und über ihn ihren künftigen Gatten, den späteren Bundespräsidenten Theodor Heuss (1884-1963). Elly wird Lehrerin, setzt sich für die Bildung von Mädchen ein, engagiert sich für Ausländer und Arme. Dann kommt das Jahr 1933. Ihr Gatte Theodor Heuss ist liberaler Abgeordneter im Reichstag – für den auch sie kandidiert hat, gleich im ersten Jahr, als dies für Frauen möglich war –, doch er beugt sich dem Fraktionszwang und stimmt Hitlers Ermächtigungsgesetz zu, später wird er es bereuen. Auch Elly belastet dies. Dabei sollte

Ein Brunnen zu Ehren einer großen Frau.

1933 eigentlich ein Jahr der Freude sein: Silberhochzeit hat sie mit ihrem Theodor. Aber 1933 hält noch mehr für sie bereit: Theodor Heuss muss den Reichstag verlassen, in seiner Eigenschaft als Journalist bekommt er Berufsverbot. „Für Elly war es selbstverständlich, dass sie nun für das Familieneinkommen sorgen muss", sagt Literaturführerin Andrea Hahn. „Und für Theodor Heuss war es selbstverständlich, das hin- und anzunehmen. Er akzeptierte seine Frau in all ihrer Selbstständigkeit."

Nun beginnt Ellys Karriere in der Reklame: Sie revolutioniert die Radiowerbung. Langweilige und wie Zeitungsmeldungen vorgelesene Reklame-Einspielungen wie bisher gibt es bei ihr nicht, Elly Heuss-Knapp dichtet und läutet damit die Ära eingängiger Werbetexte ein. Und nicht nur das: Sie erfindet auch den sogenannten „Jingle", also eine Werbemelodie für eine Firma. Kluge Geschäftsfrau, die sie ist, lässt sie sich die Idee patentieren. Zu ihren Kunden zählen große Firmen wie Nivea, Kaffee Hag oder Blaupunkt.

Nach dem Zweiten Weltkrieg kommt Familie Heuss-Knapp nach Württemberg-Baden, wo Theodor Heuss in der ersten Regierung Kultusminister wird. Elly Heuss-Knapp widmet sich weiterhin ihrem Herzensanliegen, der Bildung und Sozialpolitik. Sie hält Vorträge, macht Kindersendungen, engagiert sich politisch – von 1946 bis 1949 ist sie Abgeordnete im Landtag von Württemberg-Baden und setzt sich für soziale Belange ein. Dafür zum Beispiel, dass schulpflichtige Kinder einmal pro Tag zu essen bekommen und dass in Klassen mit weniger als 50 bis 60 Schülern gelernt wird. Doch als Heuss 1949 zum ersten Bundespräsidenten gewählt wird, tritt sie für ihren Mann in die zweite Reihe zurück und legt ihr Mandat nieder.

Nun kümmert sie sich um das, wofür man ihr auch den Brunnen widmete: die Gründung des heute noch ausgesprochen aktiven Müttergenesungswerks, dessen Schirmherrin jeweils die ist, die Elly Heuss-Knapp einst war – die Gattin des Bundespräsidenten.

Eva-Maria Bast

So geht's zum Brunnen:

Der Brunnen steht in der Silberburganlage unterhalb der Karlshöhe.

Dritte Schiene
Als Pferdestärken noch wörtlich zu nehmen waren

Da gibt es nichts dran zu rütteln: Eine Straßenbahn braucht zwei Schienen. Deshalb stutzt, wer die Gerokstraße genauer betrachtet. Da liegen nämlich drei, respektive sechs Schienen in der Straße – für jede Richtung drei. Warum? Stadtführer Oliver Mirkes hat die Antwort sofort parat: „Wir hatten ja früher in Stuttgart eine richtig klassische Straßenbahn. Und die fuhr in einer Meterspur", erklärt er. Als die Kapazität dieser Straßenbahn für die Menge der Menschen, die transportiert werden mussten, nicht mehr ausreichte, habe man auf eine moderne, leistungsfähigere Stadtbahn umgestellt : „Und die fuhr auf 1,40 Meter breiten Gleisen." Dennoch sei die alte Straßenbahn auf der Linie 15 noch bis 2007 gefahren, auch durch die Gerokstraße. Als Erinnerung daran gibt es inzwischen die historische Linie 23, die – gewissermaßen aus nostalgischen Gründen – auf den schmalen Gleisen regelmäßig zwischen Cannstatt und Ruhbank am Fernsehturm verkehrt. Und genau dafür wird das dritte Gleis benötigt.

Die Geschichte der Stuttgarter Straßenbahn beginnt vor über 150 Jahren, anno 1862. Damals dachte sich der pfiffige Stuttgarter Bauunternehmer Georg Schöttle (1823-1897), dass eine „Pferde-Eisenbahn" doch bestimmt eine lohnende Sache wäre, und gründete die Aktiengesellschaft „Stuttgarter-Pferde-Eisenbahn-Gesellschaft" (SPE). Im Juli 1868 wurde die Pferde-Eisenbahn prunkvoll eröffnet. Stuttgart konnte stolz sein, war es doch nach Berlin (1865) und Hamburg (1866) die dritte Stadt mit einer Straßenbahn! Die Stuttgarter gewöhnten sich schnell an das neue Transportmittel: 1872, ein Jahr nach Gründung des Kaiserreichs, fuhren schon 1,4 Millionen Fahrgäste jährlich mit der Pferdebahn. Praktischerweise konnte man, wenn man an der Strecke wohnte, quasi vor der Haustür aussteigen. In der von der Stuttgarter Straßenbahn AG herausgegebenen Broschüre „1868 – 2014. Die Geschichte der Stuttgarter Straßenbahnen" ist für das Jahr 1878 vermerkt: „Es gibt zwar

Einen Meter breit: Oliver Mirkes macht die Grätsche auf den Gleisen der alten Straßenbahn.

Haltestellen, doch muß auf Wunsch der Fahrgäste an jedem Punkt der Strecke gehalten werden." Und noch einen Vorteil hatte, wer an der Bahnstrecke wohnte – zumindest dann, wenn ihm die Immobilie bereits gehörte: Die Bahn brachte Infrastruktur, weshalb die Preise der an der Pferdebahn gelegenen Grundstücke stiegen. Apropos Finanzen: Wie der Broschüre zu entnehmen ist, hat ein Pferdebahnkutscher 75 bis 90 Mark im Monat verdient, täglich zwölf bis 14 Stunden arbeiten müssen und jeden zehnten Tag frei gehabt.

Es lief wie geschmiert für die Stuttgarter Straßenbahn: 1884 folgte der Bau der Zahnradbahn Stuttgart – Degerloch, auch private Unternehmen widmeten sich alsbald dem öffentlichen Personennahverkehr: 1886 wurde die „Neue Stuttgarter Straßenbahngesellschaft Lipken und Cie" gegründet, 1888 kamen streckenweise Dampflokomotiven zum Einsatz. Ein Jahr darauf gründeten die Stuttgarter Pferdebahn-Gesellschaft und die Neue Stuttgarter Straßenbahngesellschaft Lipken und Cie. die Aktiengesellschaft „Stuttgarter Straßenbahnen" und entschieden sich für Meterspurbahnen – wie sie eben heute noch in der Gerokstraße zu sehen sind. 1895 wurde die Strecke Berg – Charlottenplatz elektrifiziert, weitere folgten. Das bedeutete auch: Immer mehr Pferde durften fortan in ihren Ställen bleiben, statt Wagen durch die Gegend zu ziehen, das Jahr 1897 brachte das Ende der Pferdebahn.

Und das Jahr 2007 brachte, wie eingangs beschrieben, das Ende der Straßenbahn: „Bis 2007 fuhr die Straßenbahn als Linie 15 auch die Gerokstraße hinauf und hinab." Oliver Mirkes bedauert dieses Ende zwar ein wenig, allerdings fährt er selbst weniger mit der Bahn – ob es nun eine Straßenbahn oder, wie jetzt, eine – hier allerdings oberirdisch verkehrende – U-Bahn ist. Viel lieber ist er als begeisterter Bergsteiger per Pedes unterwegs und saust die Stäffele hinauf und hinunter.

Eva-Maria Bast

So geht's zur dritten Schiene:

Die auf den ersten Blick überflüssige Schiene zieht sich die Gerokstraße hinauf.

„Die Liegende" blickt direkt zum Eingang der Neuen Staatsgalerie. Ihre Bewunderin, Architekturhistorikerin Inken Gaukel, weiß: Das war nicht immer so!

Liegende Frau
Über Kunst ließ sich eben doch streiten!

34

„Isch die ohfermich!" oder: „Hot die an dicka Bobbes!" (Schwäbisch für: Ist die unförmig! Hat die einen dicken Po!) oder auch: „Viel zu abschdragd!". Moment! Wie passt denn „abschdragd", will meinen: abstrakt, zu einem dicken Hintern? Sagen wir mal so: Aus Sicht manch eines Stuttgarters geht beides überhaupt nicht. Jedenfalls bedauernswert, was sich die Dame vor der Neuen Staatsgalerie schon so alles anhören musste – und manchmal wohl noch immer muss. Zum Glück hat das Opfer dieser Kommentare keine Ohren. Zumindest erkennt man sie – wie auch Mund und Augen – allenfalls angedeutet. Denn sie ist stellenweise tatsächlich ein wenig abstrakt gehalten, die überlebensgroße Bronze-Figur „Draped Reclining Woman" (Drapierte liegende Frau), die hier auf der Terrasse vor dem Haupteingang der berühmten Neuen Staatsgalerie zu sehen ist. Doch auch wenn ihr Schöpfer Henry Moore (1898-1986) sie zur Moderne wendet, er greift auch die Formensprache der Antike auf, und die Liegende besitzt durchaus einen Rest an Gegenständlichkeit. Einiges erkennt man denn auch der Abstraktion zum Trotz: Ein enges, langes Kleid trägt die seitlich gedrehte, mächtige und schwere Bronze-Dame mit dem unverhältnismäßig kleinen Kopf. Sie liegt auf ihrem rechten Oberschenkel, mit dem rechten Arm hält sie sich an der erhöhten Platte aus Muschelkalk fest, auf der sie liegt. Glücklicherweise gibt es neben einigen Bruddlern und Motzern durchaus auch viele Kunstinteressierte, die bewundernd vor der Liegenden verharren.

Einer ihrer größten Fans ist die Wahlstuttgarterin Inken Gaukel. „Schon vor über 30 Jahren hat mich die Liegende spontan begeistert", erklärt die Architekturhistorikerin. „Geschaffen hat sie kein Geringerer als der weltberühmte Bildhauer und Zeichner Henry Moore." Moore gestaltete „Draped Reclining Woman" von 1957 bis 1958.

Von der 1958 angefertigten Version der Liegenden wurden insgesamt gleich sechs Bronze-Abgüsse erstellt. Die Figur für Stuttgart platzierte man anlässlich der Bundesgartenschau im April 1961 als „Kunst am Bau" vor dem neu errichteten Landtag – im Unterschied zu heute lag die Platte und damit die Figur direkt im Rasen. Bei der künstlerischen Ausgestaltung des Landtags legte man damals Wert sowohl auf einheimische als auch auf internationale Künstler. Der Bau und sein Umfeld sollten durch ihre Gestaltung das neue, weltoffene Stuttgart symbolisieren. Allzu viel Weltoffenheit brauchte man eigentlich gar nicht, um Moores Kunst zu akzeptieren. Hatte der zurückhaltende Brite doch einst erklärt, das Geschäft des Bürgerschrecks überlasse er anderen. Inmitten radikaler Neuerungen wirkten die naturnah stilisierten Werke des Briten vergleichsweise vertraut. Moores Figuren galten als schmückende Statisten der internationalen Öffentlichkeit. Sie standen und stehen oder lagen und liegen auf bekannten Plätzen, vor prächtigen Fassaden und in schönen Parkanlagen: beispielsweise vor dem Bundeskanzleramt in Bonn, auf einem schottischen Hügel, auf der Terrasse des Londoner Time-Life Building, vor dem Unesco-

„Doch für Stuttgart war Henry Moore offenbar nicht vertraut und schmückend genug!"

Hauptquartier in Paris und im New Yorker Lincoln Center. Der große Form-Erfinder wäre folglich gewiss auch akzeptabel für traditionstreue Mäzene und eher kunstfremde Politiker – dachte man! „Doch für Stuttgart war Henry Moore offenbar nicht vertraut und schmückend genug!", berichtet Architekturhistorikerin Gaukel.

Vor allem Landtagspräsident Franz Gurk (1898-1984) wünschte sich 1961 für das Landtagsgebäude, welches ja „den Besuch vieler Tausender erhalte (...) etwas Verständliches und in der Demokratie Begründetes". Und „gegen abstrakte Kunst" sollte sich der Landtag seiner Ansicht nach wehren. So abstrakt ist die Liegende wie eingangs erwähnt zwar gar nicht und die Erkenntnisse von Moores Studium des Faltenwurfs an antiken, griechischen Skulpturen sind durchaus auch an der Liegenden erkennbar, doch tatsächlich wurde die Figur von der Bevölkerung äußerst reserviert aufgenommen und war lange Zeit das Objekt gereizter oder spöttischer Zeitungsleserbriefe.

„1967 nahm man eine Moore-Ausstellung zum Anlass, die Liegende von ihrem repräsentativen Platz zu entfernen und anschließend an die Rückwand des Kunstgebäudes zu verbannen. Bei dieser neuen Aufstellung erhielt sie übrigens den heute noch vorhandenen Sockel. Damit hatten sich fürs Erste die Gegner durchgesetzt. Knapp zwei Jahrzehnte später kam dann für die verstoßene Liegende die große Wende", berichtet Inken Gaukel. Auf Initiative des damaligen Ministerpräsidenten Hans Filbinger (1913-2007) war 1977 ein internationaler Wettbewerb für die Erweiterung der Stuttgarter Staatsgalerie ausgeschrieben worden. Daraus ging der Entwurf des Büros James Stirling, Michael Wilford & Associates, London, einstimmig als Sieger hervor. 1984 wurde der Neubau eröffnet. Der 1926 in Glasgow geborene James Stirling (gestorben 1992 in London) war bereits in den Siebzigerjahren mehrfacher Preisträger (Brunner-Preis, 1976; Alvar-Aalto-Preis, 1977) und schuf mit der Neuen Staatsgalerie nicht nur einen Meilenstein der Postmoderne, nein, er setzte sich auch dafür ein, dass Moores Plastik an den Eingangsbereich der Staatsgalerie versetzt oder besser: verlegt wurde. Zurück ins Rampenlicht, sozusagen! Mit dieser Umgebung, die selbst antike Formen modern umformuliert, hat die Liegende einen wunderbaren Raum bekommen – und nebenbei haben zwei Engländer zusammengefunden.

Was sie wohl erzählen würde, wenn sie könnte? Die „Draped Reclining Woman" des berühmten britischen Bildhauers Henry Moore.

„Moore gehört eindeutig zu den wichtigsten Bildhauern des 20. Jahrhunderts", erklärt Inken Gaukel, die sich Mitte der 1980er bei einem Besuch aus Heilbronn in die Figur, den Stirling-Bau und Stuttgart verliebte und dorthin zog, um Architektur sowie anschließend Philosophie und Kunstgeschichte zu studieren. „Unzählige Preise sowie Auszeichnungen belegen Moores besonderen Status."

Nur eine einzige Ehrung habe der Künstler ausgeschlagen, berichtete der Spiegel bereits 1968: seine Erhebung in den Adelsstand. „Es würde", rechtfertigte er seinerzeit diese ungewöhnliche Absage, „das Arbeitsklima im Atelier beeinträchtigen, wenn meine Assistenten zu mir ‚Sir Henry' sagen müssten."

Diese Bescheidenheit würde seiner Liegenden gewiss zusagen. Denn auch sie ist keine „Lady", ja, sie hat noch nicht einmal einen Namen.

Jørn Precht

So geht's zur Liegenden Frau:

Die Liegende, „Draped Reclining Woman", steht auf der Terrasse des Eingangs der Neuen Staatsgalerie, Konrad-Adenauer-Straße 30, Stuttgart-Mitte.

Jasmin Gurewitz mit Töchterchen Noée und Igal Shamailov, Vertreter dreier Generationen neuen jüdischen Lebens in Stuttgart, bei den Schienen und Prellböcken der Massentransporte.

35

Bahngleise
Schienen in den Tod

Bahngleise. Oft lösen sie Fernweh und Urlaubssehnsüchte aus. Erinnern uns vielleicht an Reisen an schöne Orte, zu lieben Menschen. Doch es gibt auch Schienen, die eine schreckliche Geschichte haben. So wie jene am Stuttgarter Nordbahnhof. Von diesem Ort aus wurden durch die Stuttgarter Gestapo-Dienststelle zwischen 1941 und 1944 mehr als 2600 Jüdinnen und Juden sowie Sinti deportiert. Als Sammellager der zunächst als Umsiedlung getarnten Deportationen wurde der Volkspark Killesberg missbraucht.

„Der Einstieg in die Züge hier war für die allermeisten der Beginn der Reise zu ihrer Ermordung. An den Zielorten dieser Transporte wurden sie erschossen, erschlagen oder in Gaskammern ermordet, starben an Hunger und Seuchen. Nur rund 180 von ihnen überlebten", erklärt Jasmin Gurewitz. Die gebürtige Stuttgarterin, Jahrgang 1977, und der 1996 in Aserbaidschan geborene Igal Shamailov, Vertreter zweier Generationen neuen jüdischen Lebens in Stuttgart, wissen mehr über die Schienen und Prellböcke jener Massentransporte. Heute gehören diese zur Gedenkstätte „Zeichen der Erinnerung" am alten Güterbahngelände zwischen Pragfriedhof und Nordbahnhofstraße.

„Das Gelände hier sollte im Rahmen des Bahnprojekts Stuttgart 21 ursprünglich überbaut werden", erinnert sich Igal Shamailov. „Daher entstand vor gut zehn Jahren die Initiative, die Gleise als Erinnerungsstätte zu bewahren." Diese wurde von den Architekten Ole und Anne-Christin Saß geplant und mit Hilfe des Vereins ‚Zeichen der Erinnerung e. V.' und dessen Vorstandsmitglied Roland Ostertag verwirklicht, den die Stiftung ‚Geißstraße Sieben' initiiert hatte. Am 14. Juni 2006 wurde die durch Spenden und Stadtgelder finanzierte Gedenkstätte eingeweiht. Die fünf Gleise werden seither von einer 70 Meter langen Mauer begrenzt. „Die Namen darauf sind die der über 2600 Deportierten", erklärt Igal Shamailov. Beate Müller vom Stuttgarter Bürgerprojekt ‚Die AnStifter' hat die Namen seinerzeit zusammengetragen. Jedoch kommen durch weitere Recherche immer neue Opfernamen ans Tageslicht. „Die Deportationszüge von hier fuhren von Dezember 1941 bis Februar 1945 je einmal das KZ Jungfernhof in Riga und ein Lager bei Iżbica an, viermal Auschwitz sowie fünfmal Theresienstadt", berichtet Jasmin Gurewitz.

Nach der Befreiung von der nationalsozialistischen Herrschaft hatte nur eine kleine Gruppe württembergischer Juden überlebt. Es

Namen, so weit das Auge reicht. Sie gehören zu den Menschen, die von hier aus deportiert wurden.

waren jedoch Hunderte von jüdischen »Displaced Persons« (DPs), überwiegend aus Mittel- und Osteuropa, in Württemberg untergebracht. Zu ihnen stießen von 1946 an neue Flüchtlinge aus Osteuropa. Zwar wollten einige das jüdische Leben in Deutschland erneuern – und 1952 gab es auch eine neue Synagoge in Stuttgart – doch für die meisten DPs war das Land des Holocausts nur die ungeliebte Durchgangsstation auf dem Weg nach Israel oder in andere Staaten. „Auch mein Vater kam erst Ende der 1950er-Jahre aus Israel nach Stuttgart. Vor seiner Zeit in Tel Aviv hatte er eine wahre Odyssee hinter sich", erinnert sich Jasmin Gurewitz an die Erzählungen ihres Vaters. „Den Zweiten Weltkrieg hat er in Weißrussland erlebt. Und dort war er ein Partisan im Kampf gegen die Deutschen."

Zalman Uri Gurewitz (1924-2012) wurde in eine politisch interessierte jüdische Familie in Kurenets, Weißrussland, geboren, das seit 1920 zu Polen gehörte. Gleich nach dem Kriegsbeginn marschierte dort im September 1939 die Sowjetarmee ein. Als diese am 22. Juni 1941 infolge des Einmarschs der Wehrmacht („Unternehmen Barbarossa") mit Deutschland in Krieg trat, brach Panik unter der jüdischen Bevölkerung aus. Die deutsche Besatzung begann, und schon im Juli drangen Gerüchte nach Kurenets, dass alle jüdischen Männer im nahen Vileyka von den Besatzern ermordet worden seien. Der damals 17-jährige Zalman Uri schloss sich einer geheimen Partisanengruppe an, die zunächst Waffen in einem Waldversteck sammelte und mit Handzetteln zum Widerstand gegen die deutschen Besatzer aufrief. Die Situation verschlimmerte sich täglich: Zahllose Juden wurden beispielsweise unter dem Vorwand kommunistischer Agitation hingerichtet, Zalman Uris' lungenkranke Mutter ließen die Deutschen verhungern. Doch mit deren militärischen Rückschlägen 1942 wankte der Mythos von den unbesiegbaren Deutschen. Der geheime Widerstand rief zur Sabotage auf. Zunächst waren Schienen, Brücken, Telefon- und Elektrizitäts-Versorgung sowie deutsche Lagerhäuser im besetzten Gebiet die Ziele von Uris Partisanengruppe. Bald flogen die geheimen Lager der Gruppe auf, doch der Widerstand ging weiter, seine Basis ständig verlagernd. „Gegenwehr und Sabotage waren die einzige Möglichkeit, zu verhindern, dass die Deutschen noch effektiver morden konnten. Deren Vorgehen nannte mein Vater ‚die Hölle auf

Erden'", erinnert sich Jasmin Gurewitz. „Von Mai bis September 1943 war er an elf Sabotage-Missionen gegen Brücken und Züge beteiligt. Mein Vater nannte diese Phase immer den ‚Eisenbahnkrieg', er schreibt in seinen Memoiren vom ‚totalen Krieg um jedes Gleis'." Zalman Uri Gurewitz musste viele seiner Freunde beerdigen, doch er selbst überlebte wie durch ein Wunder, obwohl er im September 1943 zu allem Übel auch noch an Typhus erkrankte. „Ab 1945 studierte er Rechtswissenschaften in Breslau. Ende 1949 erfüllte er sich seinen Jugendtraum und wanderte mit seiner ersten Frau und seinem Sohn nach Israel aus. Nach zehn Jahren kam er aus Geschäftsgründen nach Stuttgart und pendelte seitdem zwischen der Schwaben-Metropole und Tel Aviv hin und her", erzählt Jasmin Gurewitz. „In Stuttgart lernte er dann Anfang der 1970er meine Mutter kennen."

„Der Einstieg in die Züge hier war für die allermeisten der Beginn der Reise zu ihrer Ermordung. An den Zielorten dieser Transporte wurden sie erschossen, erschlagen oder in Gaskammern ermordet, starben an Hunger und Seuchen."

Die dortige jüdische Gemeinde war bis dahin klein geblieben. Erst durch den Zuzug der Kontingentflüchtlinge aus der ehemaligen Sowjetunion erhöhte sich ab 1990 die Mitgliederzahl – auf inzwischen weit über 3000. Zu jener Generation Stuttgarter Juden gehört die Familie Igal Shamailovs. „Im September 2001 sind wir aus Baku in Aserbaidschan nach Stuttgart gezogen", erzählt der junge Mann. Die Israelitische Religionsgemeinschaft Württembergs (IRGW) in Stuttgart ist heute als einzige große Gemeinde für das gesamte Gebiet der ehemaligen Regierungsbezirke Nord-Württemberg und Süd-Württemberg/Hohenzollern zuständig. „Hauptsynagoge und Sitz des Landesrabbinats befinden sich in der Hospitalstraße 36", erklärt Jasmin Gurewitz. Und Shamailov freut sich: „Das jüdische Leben hier ist heute wieder sehr bunt, es gibt Jugendzentren und sogar einen eigenen Musikwettbewerb, bei dem ich bis letztes Jahr mitgetanzt habe und den ich heute mit organisiere: Jewrovision!" An diesem 2002 ins Leben gerufenen größten jüdischen Gesangs- und Tanzwettbewerb Europas dürfen Kinder und Jugendliche zwischen elf und 19 Jahren aus ganz Deutschland gemeinsam mit dem Jugendzentrum ihrer jüdischen Gemeinde teilnehmen. „Der Wettbewerb steht im Mittelpunkt einer Jugend-Begegnung (Mini-Machane), bei der alle Teilnehmer gemeinsam den Shabbat feiern, jüdische Traditionen vermittelt werden und der Zusammenhalt und die jüdische Identität der Jugendlichen gestärkt werden", heißt es auf der Website von Jewrovision.

Jasmin Gurewitz, die heute in Stuttgart die dortigen Immobilienprojekte ihres 2012 verstorbenen Vaters verwaltet, und der Student Igal Shamailov schätzen beide die multikulturelle Prägung der Landeshauptstadt. Trotzdem haben sie nie vergessen, was ihre Familien vor ein, zwei Generationen erleiden mussten. „Auch Stuttgart hat leider genug Grund, sich zu erinnern", sagt Igal Shamailov, und Jasmin Gurewitz fügt hinzu: „Gerade bei den politischen Entwicklungen unserer Tage ist es wichtiger denn je, nie zu vergessen, zu welchen Verbrechen Nationalismus und Antisemitismus geführt haben. Auch direkt hier in Stuttgart."

Jørn Precht

So geht's zu den Bahngleisen:

Die Gedenkstätte „Zeichen der Erinnerung" befindet sich am alten Güterbahngelände am inneren Nordbahnhof zwischen Pragfriedhof und Nordbahnhofstraße.

Patrick Mikolaj präsentiert: die Stadtmauer.

36 Stadtmauerrest
Vom Schutzbedürfnis zur Weltoffenheit

Wie viel Faszination von einem Stück Mauer ausgehen kann! Und diese hist ist nicht einmal schön. Hier herrscht Hinterhofatmosphäre. Dabei ist dieses Stück Mauer so bedeutsam! „Das ist einer der letzten Reste der Stuttgarter Stadtmauer", sagt Patrick Mikolaj. Er ist Stuttgartern, die sich für ihre Stadt interessieren, kein Unbekannter – vor allem nicht denen, die im sozialen Netzwerk Facebook unterwegs sind: Seine Seite „Unnützes Stuttgart-Wissen" hat fast 40.000 Fans. Seit Jahren trägt er Dinge, die ihm im Stadtbild auffallen, zusammen – aber nach der Mauer hat er gezielt gesucht: Irgendwo habe er gehört oder gelesen, dass sich hier in der Nähe der letzte Rest der Stadtmauer befindet, erzählt er. „Dann habe ich mich auf die Suche gemacht. Und als ich sie gefunden habe, dachte ich mir: Mensch, kein Wunder, dass das so unbekannt ist, da läuft man wirklich dran vorbei, und kein Mensch würde annehmen, dass das etwas Besonderes ist."

Dabei hatte diese Stadtmauer, wie Mikolaj schmunzelnd erzählt, sogar eine ausgesprochen würdevolle Aufgabe: Sie sollte die betuchteren Bürger der Stadt schützen. „Dieser Mauerrest ist die südliche Begrenzung der einstigen Reichen Vorstadt", sagt er. „Hier lebten wohlhabende Kaufleute und Menschen, die im Dienst des Herzogtums standen. Schon dekadent, dass man das Viertel sogar ‚Reiche Vorstadt' nannte." Ein anderer Begriff für dieses Gebiet war ‚Obere Vorstadt', der ergab sich schlicht aus der geografischen Lage: ‚Die Obere Vorstadt' entstand nördlich des einstigen Stadtkerns unter Ulrich V., dem „Vielgeliebten" (1413-1480), Graf von Württemberg-Stuttgart, Mitte des 15. Jahrhunderts und wurde schnell gesichert: Mit dem Bau der zweiten Stadtmauer begann man schon ab 1456.

Letzte Reste der Stadtmauer.

Der Bereich war auf einem Turnieracker entstanden, auf dem die Grafen von Württemberg Ritterspiele veranstalteten. Graf Ulrich V. wies ihn aufgrund der stark wachsenden Bevölkerungszahl als Neubaugebiet aus. Bald, schreibt die Hospitalkirche Stuttgart, seien wohlhabende Bürger, Hofbedienstete und Kanzleibeamte in „die schönsten Häuser und die lustigsten Straßen" Stuttgarts, gezogen. Graf Ulrich V. wird als gläubiger Mensch beschrieben. Er habe Stuttgarts erstes und einziges Kloster gestiftet, „und zwar für eine reformerische Richtung des Dominikanerordens". Dafür habe er „inmitten des neuen Quartiers" eine Kirche bauen lassen. Diese von den Baumeistern Aberlin Jörg und Conrad von Gundelsheim im letzten Viertel des 15. Jahrhunderts errichtete Kirche heißt Hospitalkirche, weil das Kloster nach der Reformation (1534) aufgehoben und die Kirche evangelisch wurde, die Stadt richtete in den ehemaligen Klostergebäuden ein Hospital ein.

Südlich der ersten Stadtmauer hatte es schon im ausgehenden 14. Jahrhundert unter Graf Eberhard dem Milden (nach 1362-1417) die erste Stadterweiterung gegeben, das heutige Bohnenviertel, damals Esslinger Vorstadt oder Leonhardsviertel genannt. Sie entwickelte sich um die Leonhardskapelle herum, die dem Viertel seinen Namen gab. „Hier lebten die Armen, und die mussten viele Jahre warten, bevor sie eine Stadtmauer bekamen, während die Bewohner der Reichen Vorstadt viel schneller geschützt wurden", weist Mikolaj auf die Ungleichbehandlung hin. Bohnenviertel heißt es übrigens, weil die armen Bewohner der Gegend, Weingärtner und Handwerker, sich zu einem großen Teil von Bohnen ernährten, die sie hier anpflanzten.

Die innere Stadtmauer, von der heute nichts mehr zu sehen ist, entstand vermutlich unter Markgraf Hermann V. von Baden, der Stuttgart 1219 zur Stadt erhoben hatte. Diese Mauer verlief entlang der Königstraße, der Karlstraße und der Eberhardstraße und hatte drei Stadttore, eines davon befand sich in der Markstraße, ein weiteres in der Breiten Straße – und noch eines in der Gegend Schillerplatz/Königstraße.

Sollten die Stadtmauern im Mittelalter Schutz bieten, wollte man sich im 19. Jahrhundert nicht mehr abschotten, sondern sich weltoffen zeigen. Schließlich war Stuttgart nach der Gründung des Rheinbunds 1806 nicht mehr „nur" Residenzstadt des württembergischen Herzogs, sondern Hauptstadt des Königreichs Württemberg! Aus einer pietistischen Kleinstadt sollte eine Metropole werden. Stadtmauern passten zu dieser neuen, bedeutenden Stadt nicht mehr, fand Friedrich Wilhelm Karl von Württemberg (1754-1816). Und so ließ er sie abtragen. Das Stück in der Krummen Straße ist ihm dabei entgangen. Zum Glück.

Eva-Maria Bast

So geht's zu den Stadtmauerresten:

In der Krummen Straße im Gerberviertel und nur einige Meter davon entfernt, im Hinterhof des Einkaufszentrums ‚Gerber' an der Sophienstraße, findet man Stadtmauerreste.

Hier war früher eine Freilichtbühne – Schauspielerin Angela Neis am „Schillerstein".

Schillerstein

Im Wald, da spielen sie „Räuber"!

37

Schillers Räuber 1782 – 1932 steht auf einem Stein im Bopserwald. Am 13. Januar 1782 wurden „Die Räuber" uraufgeführt – im Mannheimer Nationaltheater. Der Premiere 1932 einen Gedenkstein zu widmen – also zum 150-jährigen Jubiläum – scheint wohl durchaus passend. Aber wieso in Stuttgart? Und wieso mitten im Wald? Kaum jemand, der an dem Gedenkstein vorbeikommt, ahnt, dass sich an genau dieser Stelle einmal eine Bühne befand: inmitten vom Bäumen. „Hier gab es Anfang des 20. Jahrhunderts ein Freilichttheater", bestätigt die Stuttgarter Schauspielerin Angela Neis. „Hinter der Bank gegenüber dem Schillerstein zog sich einst der Zuschauerbereich mit tausenden Plätzen den Hang hinauf."
Bei genauerem Hinsehen kann man immer noch einen Fundamentrest der Bühne und ein wenig vom Halbrund des Zuschauerbereiches

Zwischen diesen Bäumen zog sich einst der Zuschauerbereich mit tausenden Plätzen den Hang hinauf.

erahnen. Friedrich Schiller (1759-1805) war bekanntermaßen in Stuttgart Schüler an der Hohen Karlsschule. „Zumindest der Sage nach liebte er ganz besonders die Gegend um den Bopser", erklärt Angela Neis. „Und dort soll er an einem Sonntagmorgen im Mai 1778 fünf Freunden aus der Militärakademie die bis dahin fertigen Teile seiner ‚Räuber' vorgetragen haben." Jene berühmt gewordene Szene, von der man heute nicht mehr sicher weiß, ob sie wirklich stattgefunden hat, wurde seinerzeit vom späteren Hofmaler Viktor Wilhelm Peter Heideloff (1757-1817), der mit Schiller die Hohe Karlsschule besuchte, auf einer Bleistiftskizze festgehalten. Außerdem inspirierte sie 1863 den damals zwei Jahre jungen „Verschönerungsverein der Stadt Stuttgart und ihrer Umgebung", an der Wernhalde beim Bopserwald eine Aussichtsplattform zu schaffen: die „Schillerhöhe". Am Sonntag, den 5. Juni 1864, weihte der Verein feierlich die dort gepflanzte „Schillereiche" ein.

Die Idee für das Freilichttheater in der Nähe des geschichtsträchtigen Orts wird dem Königlichen Hofschauspieler und Inspizienten Bruno Peschel (1876-1944) zugeschrieben. 1912 glaubte er dort bei einem Spaziergang angeblich die Stimme Jung-Schillers zu hören, die ihm zuraunte: „Erwecke meine Räuber aus mehr als hundertjährigem Schlaf, zeige der jetzigen Generation, wie ich mir mein Werk gedacht habe, befreie es aus dem beengten Raum der Theaterbühne mit ihrem künstlichen Licht und ihren verstaubten Kulissen, lass es hier in der Natur im prächtigen alten Walde zu neuem Leben erstehen."

Bald erhielt Peschel einen prominenten Unterstützer für sein Vorhaben, Schillers Räuber alsbald „in der freien Natur, in diesem herrlichen Waldesdunkel" wirken zu lassen: Kommerzienrat Adolf Stübler (1847-1924), einer der wichtigsten Förderer des Stuttgarter Fremdenverkehrs. Dieser bekannte Gemeinderat gewann im Frühjahr 1913 Mitglieder für das ‚Komitee für das Freilichttheater im Bopserwald' zu dem schon bald 55 bekannte Persönlichkeiten und Institutionen gehörten. Nach anfänglichen Schwierigkeiten bei der Finanzierung waren die Freilichtspiele vom 15. Juni bis 15. Juli 1913 schließlich gesichert. Gegeben wurden Schillers „Räuber" – was sonst?

„Der Zuschauerbereich mit seinen anfangs 2.400 nummerierten Sitzplätzen und rund 200 Stehplätzen wurde so geschickt in den steilen Wald eingepasst, dass einige Bäume zwischen den Plätzen stehen bleiben konnten", erzählt Angela Neis. „Die von allen Plätzen aus gut einsehbare Bühne auf der anderen Seite des Waldweges war 15 Meter breit, über 11 Meter tief – und von einem Halbkreis von Buchen umrahmt." Der Stuttgarter Historiker und Journalist Wolfgang Kress ergänzt in seinem Buch „Das Freilichttheater im Bopserwald": Weil die Bühne „teilweise über einem schluchtartig abschüssigen Gelände stand, war ein hoher Unterbau nötig gewesen, in dessen Konstruktion Requisiten- und Garderoberäume untergebracht werden konnten".

In den folgenden Jahren wurde den Sommer über regelmäßig gespielt, meist Stücke von Schiller, aber auch Werke heute fast vergessener Autoren, wie beispielsweise Konradin Kreutzer (1780–1849). Schauspieler, die zumeist vom Stuttgarter Staatstheater kamen, führten laut Wolfgang Kress vor der stimmungsvollen Waldkulisse auch Shakespeares „Sommernachtstraum", phantasievolle Märchenspiele und viele andere Stücke auf. Selbst Opern und Operetten oder Konzerte wie Beethovens „Neunte Symphonie" seien „dank der von Fachleuten gelobten Akustik zu einem Kunstgenuss im Wald" geworden. „Probleme bereiteten ein Bühnenbrand 1921, einige Sommer mit schlechtem Wetter, die Wirtschaftskrise ab 1929 – und stark zurückgehende Zuschauerzahlen!" Daher wollten die Betreiber 1932 mit der Errichtung des Gedenksteins aus Anlass des 150. Jubiläums der „Räuber"-Uraufführung den Schillerkult wieder ankurbeln. Dann folgte die Machtübernahme der Nationalsozialisten. „Am 27. Mai 1933 trafen sich hier über 4.000 Jugendliche zu einer Kundgebung", erfuhr Angela Neis. „Und der nationalsozialistisch orientierte Generalintendant der Württembergischen Staatstheater, Otto Krauss, verkündete tags darauf, er plane, auf der Freilichtbühne Richard Wagners ‚Ring' aufzuführen. Aber ob es nun ideologische oder wirtschaftliche Gründe waren: 1935 fand kein Spielbetrieb mehr statt. Im Jahre 1936 schließlich brach man das Theater ab."

„In den 24 Jahren seiner Existenz erlebte das Freilichttheater 18 Spielzeiten mit insgesamt einer halben Million Zuschauern", sagt Angela Neis, während sie sich nachdenklich in dem Waldstück umsieht. „Einige der älteren Bäume hier haben diese Zeit wohl noch gesehen." Um etwas über die Erinnerungen der Stuttgarter an das Theater zu erfahren, kam Stadtrat Dr. Manfred Nopper 1982, 200 Jahre nach Schillers Flucht nach Mannheim, auf die Idee, über die „Stuttgarter Nachrichten" einen Aufruf zu starten. Die Erinnerungen der Leser füllten im Januar 1983 gleich drei Kolumnen! Es war auch durchaus Amüsantes dabei: etwa eine Geschichte, wie ahnungslose Waldspaziergänger einst im Nebel durch die probenden Schauspieler – Räuberhorden und knatterndes Gewehrfeuer inklusive – erschreckt wurden. Dr. Noppers Vorstellung, am alten Platz eine neue Freilichtbühne zu errichten, ließ sich indes nicht verwirklichen. „Das würde wohl schon an den heutigen Sicherheitsanforderungen scheitern", meint Angela Neis. „So bleiben nur der Schillerstein, der Fundamentrest sowie die Erinnerungen – und die Stille. Aber das hat ja durchaus auch etwas sehr Schönes."

Jørn Precht

So geht's zum Schillerstein:

Mit der U15 zur Haltestelle „Stelle" und dort den Waldweg auf der anderen Straßenseite bis zum Olgaweg gehen. Bei der Schutzhütte rechts abbiegen zum Schillersteinweg. Von der Haltestelle Bopser aus (U 5, 6, 37 und 12) zur Kreuzung Bopserwald-/Wernhaldenstraße laufen. Dort geradeaus dem Weg in den Wald folgen, nach etwa 300 Metern links bergab auf den Schillersteinweg einbiegen.

Redakteur Jürgen Brand hat es sich im Relief gemütlich gemacht.

Kuhrelief
Schlachthof Ade. Hallo Spielplatz!

Tierisch viel Spaß haben Kinder, wenn sie sich auf dem Spielplatz der Unteren Klingenbachanlage austoben. Besonders großer Beliebtheit erfreut sich die Rutsche, die an einen Hang gebaut ist, und die vermeintliche steinerne Kletterwand, die man nicht nur erklimmen kann, sondern die obendrein noch ziemlich viele Kuhlen aufweist, sodass man es sich in ihr prima gemütlich machen kann. Unzählige Eltern haben ihre Kinder beim Klettern an dieser Wand beobachtet oder standen auch daneben, um ihren Sprössling womöglich beim Abrutschen aufzufangen. Vielleicht haben sie sich dabei schon einmal Gedanken darüber gemacht, worauf ihre Kleinen da eigentlich herumkraxeln. „Denn das ist eigentlich gar keine Kletterwand", schmunzelt Jürgen Brand, Teamleiter Lokalteile Innenstadt und Bad Cannstatt/Neckarvororte von

Stuttgarter Zeitung und Stuttgarter Nachrichten, „das ist Kunst!" Selbige wird ja gerne mal verkannt. Und der Satz: „Ist das Kunst oder kann das weg?", ist fast schon zum geflügelten Wort geworden. Hier müsste man eher fragen: „Ist das Kunst oder kann man damit spielen?" Die Antwort wäre diesmal: beides. Aber weg kann es auf keinen Fall – es war allerdings lange Zeit weg.

Doch der Reihe nach: „Diese Kuh-Herde wurde einst für einen ganz anderen Ort geschaffen", erzählt Jürgen Brand. „Die Geschichte der steinernen Kühe beginnt in den Jahren 1957 und 1958, als der in Leonberg geborene Künstler Otto Baum das immerhin fast 20 Quadratmeter große Relief für das Kühlhaus des ehemaligen Schlachthofs ganz in der Nähe des heutigen Standorts schuf." Otto Baum (1900-1977) habe an der Württembergischen Akademie der Bildenden Künste in Stuttgart studiert, berichtet Jürgen Brand, und vor dem Zweiten Weltkrieg als freischaffender Bildhauer gearbeitet. Im Nationalsozialismus galt er als „entarteter Künstler", erst setzte es ein Ausstellungsverbot, ab 1942 folgte ein Arbeitsverbot. Im Anschluss an diese erzwungene Pause wurde Otto Baum nach dem Krieg in den Planungsausschuss zur Neuorganisation der Kunstakademie berufen, „von 1946 bis zu seinem Ruhestand im Jahr 1965 leitete er die Bildhauerklasse", schildert der Journalist. „In dieser Zeit entstanden einige Kunstwerke, die auch heute noch im öffentlichen Raum zu sehen sind, so etwa das ebenfalls tonnenschwere Mahnmal im Hof der Cotta Schule in Stuttgart-Ost oder eben die Kuh Heide." Selbige schuf der Künstler für den 1902 eingeweihten Stuttgarter Schlachthof, an dessen Kühlhaus das Kunstwerk angebracht war. Der Schlachthof „hatte für Stuttgart eine große Bedeutung. Er versorgte einen großen Bereich" und er darf getrost als „riesig" bezeichnet werden: 60 Gebäude standen hier auf insgesamt zwölf Hektar. 1992 schloss er seine Pforten, ein großer Teil der prachtvollen Jugendstil-Gebäude musste weichen, nur das Verwaltungsgebäude, das Pförtnerhäuschen und die Polizeiwache

Die steinerne Kuhherde.

blieben stehen, hier befinden sich heute das Schweinemuseum und das Restaurant Schlachthof. „Im Jahr 1998 wurde auch das Kühlhaus abgerissen. Das Kunstwerk sollte allerdings gerettet werden, was das Abrissunternehmen vor eine echte Herausforderung stellte", gibt Jürgen Brand zu bedenken. „Erst mussten die Arbeiter das komplette Fassadenstück samt Kunst mit Diamantsägen herausschneiden, dann entfernten sie die Mauerreste vom Relief." Die Stellen, an denen die Kuh-Herde zersägt wurde, lassen sich heute noch gut erkennen. Der Redakteur hat auch die technischen Daten recherchiert: „Die Kuh-Herde ist viele Tonnen schwer, zweieinhalb Meter hoch, 8,50 Meter lang – und aus Beton."

Nachdem die Herde auf diese Weise erfolgreich dem Abriss entrissen war, „verschwand sie bis auf Weiteres in entsprechend dimensionierten Lagerräumen der Stadt", beschreibt der Journalist die nächste Etappe. „Da aber auch solche Lager nur eine begrenzte Kapazität haben, drohte der Herde zuletzt sozusagen die Bauschutt-Recyclinganlage." Da sei die Umgestaltung des bis dahin völlig verwilderten Bereichs des Unteren Klingenbachs genau zur rechten Zeit gekommen. „Und als der Bezirksbeirat die Betonkühe in einem Beschluss willkommen hieß, war die Herde gerettet." Ohne Frage: Die Kühe haben einen klasse dritten Lebensabschnitt. Statt dass sie nun ein Kühlhaus zieren müssen, in dem die leblosen Körper echter Kühe gekühlt werden, statt vergessen in einem dunklen Lagerraum zu liegen, klettern nun jauchzende Kinder auf ihnen herum. Und manchmal macht es sich auch ein Redakteur in einer der Vertiefungen bequem.

Eva-Maria Bast

So geht's zum Kuhrelief:

Die steinernen Kühe befinden sich in der Unteren Klingenbachanlage im Stadtteil Gaisburg und sind von der Talstraße, kurz vor der Kreuzung mit der Wangener Straße und der Rotenbergstraße, gut zu sehen. Den Spielplatz erreicht man von der Talstraße aus über eine Treppenanlage.

Der Stuttgarter Filmemacher Alexander Tuschinski am Grab Gustav Schwabs.

39 Schwab-Grab
Kontraste auf dem Hoppenlaufriedhof

Ein rötlicher, zwei Meter hoher Grabstein. Alt sieht er aus. Doch die eingravierte Schrift wirkt restauriert und teilweise frisch mit roter Farbe gefüllt. Das Grab, so ist wieder bestens zu lesen, gehört dem in Stuttgart gebürtigen Schriftsteller Gustav Schwab (1792-1850), der immerhin so bekannt ist, dass im Stuttgarter Westen eine wichtige Straße nach ihm benannt wurde. Zudem befindet sich eine Büste Schwabs am Haus Hasenbergsteige 22 über dem – ebenfalls nach ihm benannten – Schwabtunnel. Allerdings steht sein Grabstein nicht an der Stelle des Friedhofs, an der der schwäbische Dichter 1850 beerdigt wurde. Der Grabstein wurde – wie so viele hier – versetzt. Wieso das? Der junge Stuttgarter Geschichtsstudent und

Filmemacher Alexander Tuschinski weiß mehr zu diesem parkartigen Gottesacker, dem Hoppenlaufriedhof.

„Er wurde schon 1626 als Spitalfriedhof gegründet. Seinen heutigen Namen erhielt er 1828", berichtet Tuschinski, der seit seinem Bachelorabschluss an der Hochschule der Medien im Jahr 2011 seinen Master in Germanistik und Geschichte an der Universität Stuttgart absolviert.

„Deren Mensa grenzt übrigens direkt an diesen Friedhof."

Wie kommt es, dass ein junger Mann (Geburtsjahr 1988) sich so gut mit einem Friedhof auskennt? „Den Hoppenlaufriedhof habe ich durch einen Freund schon während meiner Abiturzeit am hiesigen Dillmann-Gymnasium entdeckt", erklärt Tuschinski. Ihn habe die verwunschene Atmosphäre des schon vor über sechs Jahrzehnten stillgelegten Friedhofs sofort fasziniert. „Immer wenn ich einen ruhigen Ort zum Nachdenken brauche, zum Beispiel für meine Drehbucharbeit, setze ich mich hier auf eine Bank." Er genieße die unterschiedlichen Stimmungen jeder Jahreszeit, selbst den Winter, so der Student. „Mit Schuberts Winterreise im IPod ist ein Besuch hier eine sehr melancholische Erfahrung. Eines der Lieder darin heißt ‚Das Wirtshaus', eine Metapher für einen ‚Todtenacker', also einen Friedhof. Sehr passend."

Und warum wanderte nun Schwabs Grab? „Anlässlich der Bundesgartenschau 1961 wurde der Friedhof zu einer Parkanlage umgestaltet", fand Alexander Tuschinski heraus. „Im Zuge dessen wurden viele Grabsteine von ihrem ursprünglichen Platz entfernt und neu angeordnet. Der älteste Teil des Friedhofes war allerdings schon zehn Jahre zuvor für den Bau des Max-Kade-Hochhauses geopfert worden."

Hier auf dem Hoppenlaufriedhof gibt es viele Kontraste: Bereits restaurierte Gräber wie das des Gustav Schwab einerseits, halb verfallene anderseits. Statuen und Gräber im Stil des ausgehenden achtzehnten Jahrhunderts, zwei Brunnen im Stil der 1960er-Jahre.

So beliebt wie Gustav Schwab hier in seiner Heimat ist, verwundert es kaum, dass sein Grabstein allen Umgestaltungen des Friedhofes zum Trotz erhalten wurde. „Viele Menschen haben positive Jugenderinnerungen an Schwabs wohl wichtigstes Werk", so Tuschinski. Mit seinen „Sagen des klassischen Altertums" habe Schwab in der ersten Hälfte des neunzehnten Jahrhunderts einen Klassiker der deutschsprachigen Kinder- und Jugendliteratur geschaffen. „Vielen Menschen hat er damit die griechisch-römische Sagen- und Götterwelt wieder nähergebracht hat." Schwab habe die großen Epen der Antike ab 1838 zwei mühevolle Jahre lang aus Originaltexten zusammengetragen und ins Deutsche übersetzt. Tatsächlich liebte es Schwab, Wissen weiterzugeben und junge Künstler zu unterstützen. Erst war er Professor für alte Sprachen am oberen Gymnasium, dem heutigen Eberhard-Ludwigs-Gymnasium. Dann war er zwanzig Jahre lang an den bei Brockhaus Leipzig erscheinenden Blättern für literarische Unterhaltung beteiligt und seit 1828 in der Redaktion des Morgenblattes für gebildete Stände beim Cotta Verlag. „Dies nutzte er, um Mäzen für jüngere Autoren zu werden: Wilhelm Waiblinger, Eduard Mörike, Wilhelm Hauff, Nikolaus Lenau und viele andere."

„Am Ende zerfallen wohl alle vermeintlichen Unterschiede zu Staub."

Auch Spiritualität sei Schwab wichtig gewesen, betont Tuschinski. „Das Predigen war, neben dem Lehren, eine seiner Lieblingstätigkeiten. 1837 übernahm er das Pfarramt im Dorf Gomaringen, 1841 das Stadtpfarramt von St. Leonhard in Stuttgart, 1842 wurde er Dekan und 1845 Oberkonsistorialrat der höheren Schulen in Württemberg. 1847 wurde er mit dem Ehrendoktor der Theologie der Universität Tübingen ausgezeichnet."

Die zur Andacht einladende Atmosphäre hier auf dem Hoppenlaufriedhof hätte Schwab gewiss zugesagt, so Tuschinski. Weniger vielleicht der jetzige Standort seines Grabsteins: Er wurde in die direkte Nähe des jüdischen Teils des Friedhofs von 1834 gestellt. Schwabs Ressentiments gegen das Judentum zeigen sich in einer Mitteilung an seinen guten Freund, den Theologen Carl Christian Ullmann (1796-1865), in der er behauptet, er wolle sich herausretten „aus der verfluchten und verruchten Tagesliteratur, wo der Judaismus, mit allen ekelhaften Lastern, Lüge, Prahlerei und Feigheit, Schmeichelei und Verleumdung herrscht".

Mit nachdenklichem Blick sinniert Tuschinski, nachdem er von Schwabs Zitat erfahren hat: „Bisher kannte ich hauptsächlich sein literarisches Werk und nicht diesen Aspekt seiner Person. Vielleicht hat die neue Lage seines Grabsteins dann ja auch etwas Poetisches: Am Ende zerfallen wohl alle vermeintlichen Unterschiede zu Staub."

Gustav Schwab starb am 4. November 1850 in Stuttgart an fehlerhafter ärztlicher Behandlung. Heute, über anderthalb Jahrhunderte nach seinem Tod, wirkt die Schrift auf seinem Grab wieder wie neu. Der Erhalt eines solchen Friedhofs ist freilich ein Kampf mit dem Zahn der Zeit: Bruchstücke der Gräber platzen ab, Inschriften sind oft bis zur Unleserlichkeit ausgewaschen. „Im Juni 2014 hat man mit der Restaurierung der Grabmale begonnen, aber bis alle 1674 Gräber restauriert sind, wird es sicher noch mindestens ein halbes Jahrzehnt dauern", mutmaßt der Filmemacher und fügt schmunzelnd hinzu: „Ich bin sehr zuversichtlich, dass die Arbeiten nicht zum ‚Ritt über den Bodensee' werden." Damit spielt er auf Gustav Schwabs wohl bekanntestes Gedicht „Der Reiter und der Bodensee" an. Darin wird einem Reiter erst nach dem Überqueren des vereisten Bodensees zu Pferd klar, dass er nicht, wie von ihm angenommen, über eine verschneite baumlose Ebene geritten ist, sondern über den See. Er stirbt daraufhin am sicheren Ufer nachträglich vor Schreck über die Lebensgefahr, in der er sich befand. Durch Schwabs berühmte Ballade ist der Begriff „Ritt über den Bodensee" zum geflügelten Wort geworden für eine verwegene Tat, bei der dem Akteur erst im Nachhinein bewusst wird, wie riskant das Unterfangen eigentlich war. Auch Sanierungen sind gewagte Unterfangen, können unerwartete Abgründe enthüllen. „Die Gesamtkosten für die Restaurierung hier sind auf 1,5 Millionen Euro veranschlagt", weiß Alexander Tuschinski. „Aber das ist es wert, dass dieser verwunschene und kontrastreiche Ort für zukünftige Generationen erhalten werden kann."

Jørn Precht

So geht's zum Schwab-Grab:

Mit den U-Bahn-Linien U4, U2 und U9 erreicht man den Berliner Platz. Hinter der dortigen Liederhalle beginnt der Hoppenlauffriedhof. Das Grab des Gustav Schwab befindet sich am Rande des jüdischen Friedhofsteils.

Wandbild
Der Blick hinter den Bambus

In der Stuttgarter Innenstadt nach Relikten aus der Vergangenheit zu suchen, das, findet Stadtführer Bernd Möbs, ist ein bisschen wie die Suche nach dem versunkenen Inselreich Atlantis. „Aber das ist in anderen zerbombten deutschen Großstädten nicht anders. Von dem, was hier vor 1945 war, ist jetzt fast nichts mehr übrig." Das heißt aber nicht, dass es keine verborgenen Hinweise auf die Geschichte gibt, Dinge, an denen die meisten Menschen achtlos vorübergehen, vor allem dann, wenn auch noch ein riesengroßer Bambus davorsteht, der jedes Jahr erneuert wird, weil er den Winter nicht überlebt hat.

Gut versteckt befindet sich hier ein Wandgemälde, das ein altes Gebäude zeigt. Geschrieben steht dort auch etwas, das man allerdings wegen des Gebüsches nicht gut entziffern kann. Aber Bernd Möbs muss auch gar nicht lesen, um zu wissen, an was dieses Gemälde erinnern soll: „Hier stand der Lorcher Pfleghof oder auch Lorcher Kelter genannt", erklärt er. Bei Pfleghöfen handelte es sich um die Verwaltungs- und Lagergebäude der Klöster im Umland, in diesem Fall also des um 1102 von Friedrich dem Staufer gestifteten Benediktinerklosters Lorch. Dort, erzählt der Stuttgarter mit Kölner Wurzeln, seien vornehmlich die Erträge von landwirtschaftlichen Gütern eingelagert worden, die von den Schenkungen und Stiftungen aus der Umgebung stammten. Darüber hinaus gab es Wohnungen, Verwaltungsgebäude und Viehställe.

„Die Menschen im Mittelalter waren ja sehr um ihr Seelenheil besorgt. Man musste für das Leben nach dem Tod vorsorgen bis zum Jüngsten Tag denken", erläutert Möbs. Salopp gesagt, schmunzelt der Geschichtsvermittler im Haus der Geschichte Baden-Württemberg, habe das so funktioniert: „Wenn ich der Kirche etwas schenke, wenn ich etwas stifte, dann habe ich im Fegefeuer schon mal ein paar Millionen Jahre weniger." So kam das Kloster zu immer mehr Besitz: Weinberge, Felder und derlei mehr. Die Ernte dieser Flurstücke in die fern gelegenen Klöster zu transportieren, habe keinen Sinn gemacht. „Deswegen

Bernd Möbs weiß, was es mit diesem Wandbild samt Inschrift auf sich hat.

Gut versteckt hinter dichtem Bambus, findet sich eine Wandmalerei nebst Inschrift, die auf eine spannende Geschichte hindeutet.

wurden in der Stadt die Keltern gebaut, in denen, wie der Name schon sagt, nicht nur gelagert, sondern auch Wein gekeltert wurde, aber genauso auch andere landwirtschaftliche Produkte. Das riesige Gebäude hat man 1486 errichtet." Eine kleinere Kelter hatte es schon vorher gegeben. Dr. Karl Pfaff vermerkt in seiner „Geschichte der Stadt Stuttgart nach Archival-Urkunden" im „Ersten Theil", der „bis zum Jahre 1650 reicht": „In Stuttgart selbst kaufte es (das Spital) 1314 und von den Herrn von Gundelfingen 1350 Güter. Eine Kelter hatte es schon 1304 und erwarb hiezu den 13. December 1404 für 90 fl. eine zweite von Georg von Wöllwarth, verlieh auch 1473 und 1475 ein Stück Waldes für 18 Sch." Pfaff hielt weiter fest, was dann geschah: „Am 29. November 1483 kaufte es (...) ein Haus nebst Hof von Hans Nüttel, und 1485 ein daran stoßendes Haus von Dr. Martin Nüttel (...), worauf ihm die Stadt Stuttgart den 30. December 1485 erlaubte, beide Häuser nebst seiner Kelter abzubrechen und einen neuen Bau auszuführen(...)." So einfach, wie es klingt, war das aber nicht. Wolfgang Ruschke hat sich in seiner Dissertation „Die Grundherrschaft des Klosters Lorch" auch akribisch mit der Kelter in Stuttgart auseinandergesetzt und berichtet über Rechtsstreitigkeiten zwischen den Bürgern und dem Kloster, etwa weil erstere „dem Kloster den Kelterzwang und den Kelterwein verweigerten".

Aber auch um die Kelter selbst gab es Ärger: 1483 mussten „die Untergänger Lorenz Ehinger, Auberlin Häpper und Michel Vischer einen Streit zwischen dem Abt und dem Konvent von Lorch und dem Vogt Günter Wenk von Stuttgart schlichten. Dabei ging es um den Zugang zur Lorcher Kelter durch Wenks Hof, die Grenzmauern und den Trauf, sowie um die Abstellplätze der Bütten", schreibt Ruschke und stellt die Überlegung an, dass „(d)iese Auseinandersetzung (...) den letzten Anstoß zum Neubau der Kelter gegeben haben" mag. 1485 kaufte das

Kloster auch das benachbarte Haus von Hans Nüttel. Das gefiel wiederum Heinrich Menkler gar nicht, der Neubau stieß an seine Häuser. Es gab einen Rechtsstreit, der zugunsten des Klosters ausging. Als auch noch Martin Nüttel, der ebenfalls ein Gebäude in dem Komplex besaß, 1486 sein Haus an das Kloster verkaufte, klagte Menkler wieder, scheiterte aber erneut. 1494 war der Neubau der Kelter dann fertig und nicht nur eine Lagerhalle, sondern diente auch als Pfleghof. „Bürger, die dem Kloster ihre Güter vermachten, konnten sich damit hier einkaufen, hier leben und nach ihrem Tod wurde für ihr Seelenheil gebetet", sagt Stadtführer Möbs. Nach den Ausführungen von Wolfgang Ruschke unterlagen „nicht weniger als 35 Weinbauern dem Kelterbann", was bedeutet, dass sie „ihre Trauben in die Lorcher Keltern zu führen und damit den Kelterwein zu reichen hatten. Hier lag der wahre wirtschaftliche Wert der Stuttgarter Besitzungen und die Ursache für den großzügigen Ausbau der Kelter zum Pfleghof", zieht Historiker Ruschke sein Fazit.

„Die Klöster waren ja eigentlich landwirtschaftliche Wirtschaftsunternehmen", erklärt Bernd Möbs. „Und so wie Stuttgart heute vom Fahrzeugbau lebt, hat es damals vom Weinbau gelebt. Ich schätze, dass es Anfang des 19. Jahrhunderts um die 20 Keltern in Stuttgart gab." Doch sonderlich lange konnte sich das Kloster dieses wirtschaftlichen Vorteils nicht erfreuen: „1556 wurde im alten Württemberg die Reformation eingeführt." Das Gebäude sei dann für staatliche Zwecke und als Lager genutzt worden, im Zweiten Weltkrieg wurde es zerstört.

Wie gut, dass das Wandgemälde nebst Inschrift an das bedeutende Gebäude erinnert und dafür sorgt, dass es nicht in Vergessenheit gerät. Und wie gut, dass es Menschen wie Bernd Möbs gibt, die andere davon überzeugen, dass es sich lohnt, auch manchmal in Seitengassen hineinzugehen und durch dichtes Bambusgestrüpp zu spähen. Denn fernab des Trubels schlummern oft die besten Geschichten.

Eva-Maria Bast

So geht's zum Wandbild:

Wenn man von der Stiftstraße in Richtung Sporerstraße geht, befindet sich das Gemälde in einer Stichstraße, parallel zur Kirchstraße.

Gedenkstein-Feld
Freddie Mercury, Stuttgart und die AIDS-Krise

Freddie Mercury? Warum ist sein Name in einen Stuttgarter Pflasterstein gemeißelt? Und was hat er mit Iris, Roland, Willi, Nancy und all den anderen Namen auf den ihn umgebenden Steinen zu tun? Links der Freitreppe des Stuttgarter Opernhauses befindet sich im Boden ein ganzes Feld von teilweise mit Namen versehenen Pflastersteinen, einige sind leer und namenlos. Das Steinviereck mit dem Namen des Sängers der Rock-Band „Queen" enthält dessen Vor- und Nachnamen: Freddie Mercury (1946-1991). Was hat es mit diesem quadratischen Pflasterstein-Ensemble hier im Stuttgarter Schlossgarten auf sich?

Eine, die zu den meisten Namen auf der Tafel einen persönlichen Bezug hat, ist die bekannte Szene-Gastronomin und Gemeinderätin Laura Halding-Hoppenheit. „Zu jedem der über 20 Namen etwas zu erzählen, gäbe ein eigenes Buch. Hinter jedem steht nämlich ein schlimmes Schicksal. Die Installation des Künstlers Tom Fecht (geb. 1952) aus dem Jahr 1994 soll an Menschen erinnern, die an den Folgen von AIDS gestorben sind", erklärt die Dame mit dem eigentümlichen feuerroten Haar-Turm. „Das Steinfeld hier ist Teil des Projektes ‚Denkraum: Namen und Steine'. Ursprünglich wurde es auf dem Schillerplatz installiert und erst im Oktober 2002 hierher in den Schlossgarten nahe des Opernhauses verlegt." Jedes Jahr am Welt-AIDS-Tag – dem 1. Dezember – endet hier der Wut- und Trauermarsch, der von der AIDS-Hilfe Stuttgart e.V. organisiert wird, mit einer Kranzniederlegung und einer Gedenkminute für alle an der Krankheit Verstorbenen.

Bleibt die Frage, warum zwischen den Vornamen der Stuttgarter Verstorbenen auch Freddie Mercury aufgeführt wird? Was war sein Bezug zur Landeshauptstadt? „Auch Freddie Mercury war gelegentlich in der Stuttgarter Schwulen-Szene zu Gast, um hier Spaß zu haben, hatte Freunde hier, auch um ihn wurde bei uns getrauert", erklärt die berühmte Gastronomin traurig. „Es war eine schreckliche

Hat zu den meisten Namen auf der Gedenkplatte einen persönlichen Bezug: Laura Halding-Hoppenheit.

Zeit damals. Gerade hatten sich die Homosexuellen ein wenig Toleranz erkämpft, da kamen die Hiobsbotschaften. Ich vergesse nie den Abend im Juni 1983, als viele schockiert mit der neuen Ausgabe des ‚Spiegel' an meine Bar (siehe Geheimnis 30) kamen. Auf dem Titel stand: ‚Tödliche Seuche – AIDS – die rätselhafte Krankheit'." Mittels eines Albert Camus-Zitats verglich der „Spiegel" die neue Seuche mit den Schrecken der Pest. Laut des Leitartikels habe die dort eingangs als „Homosexuellen-Seuche" bezeichnete Krankheit AIDS, eine tödliche Abwehrschwäche, von den USA aus Europa erreicht. Mindestens 100 Deutsche seien bereits erkrankt, Dunkelziffer unbekannt, sechs waren in den Wochen zuvor gestorben. „‚AIDS' steht für ‚Acquired Immune Deficiency Syndrome', für den ‚erworbenen Mangel an Abwehrkraft',

Auch der an AIDS verstorbene Sänger Freddie Mercury feierte in glücklicheren Tagen in Stuttgart.

auch HIV (Humanes Immundefizienzvirus) genannt, und die sich daraus ergebenden Krankheiten: Krebs vor allem, aber auch unheilbare Lungenentzündungen und andere Infektionen", wurden die Leser 1983 aufgeklärt. Laut amerikanischen Statistiken seien zwei Jahre nach gesicherter AIDS-Diagnose 80 Prozent, nach drei Jahren 86 Prozent der Patienten tot. Bei keinem AIDS-Kranken sei bisher eine Heilung beobachtet worden. „Horror", bemüht Laura Halding-Hoppenheit mit dem rollenden ‚R' ihres rumänischen Akzents eines ihrer Lieblingswörter. Und das Wort Horror beschreibt exakt das Gefühl, das sich nun in der Szene ausbreitete. Der Spiegel-Artikel mutmaßte an einer Stelle, die Krankheit sei „auch durch intensive Berührungen" übertragbar. Das stellte sich zwar im Nachhinein als Irrtum heraus, aber ansonsten verbreitete der Bericht Panik, ohne Panikmache zu sein, erwies sich – leider – als für den damaligen Wissensstand gut recherchiert. Der Artikel traf geradezu prophetische Aussagen über das, was nun folgen sollte.

Dass die Medizin kein Heilmittel habe, stand da. Ja, nicht einmal der Erreger war seinerzeit entdeckt. Dass AIDS „die Lustseuche des 20. Jahrhunderts" werde, dass sich auch in der Bundesrepublik in den nächsten zwei Jahren die Zahl der Erkrankten vervielfachen könnte. Allerdings war weiter hinten im Artikel auch zu lesen, dass sich die Krankheit eben nicht auf Homosexuelle beschränke. Dass es etwa bei Drogenabhängigen einen Zusammenhang von AIDS und dem sogenannten „Needle-Sharing", dem gemeinsamen Benutzen von Spritzbesteck, zu geben scheine. Auch auf das Problem von eventuell AIDS-verseuchten Blutkonserven wurde hingewiesen. „Trotzdem hieß es bald: ‚Die Schwulen bringen die Seuche'", erzählt Laura Halding-Hoppenheit weiter.

Der Artikel wies damals ebenso daraufhin, dass noch kein Test-Verfahren existiere, um die Krankheit bereits im symptomfreien Stadium nachweisen zu können. Der HIV-Test kam dann 1985, in jenem Jahr, in dem der Hollywood-Star Rock Hudson der Krankheit erlag. Ein positives Test-Ergebnis galt seinerzeit noch als Todesurteil. Laura Halding-Hoppenheit bestätigt: „Meine Gäste sagten damals, AIDS stehe für ‚Ab in den Sarg'. Viele kamen gleich nach ihrem positiven Test-Ergebnis zu mir in den Club. Das waren Abende, die ich nie vergessen werde. Die Menschen haben geweint, manche haben verzweifelt Champagner ausgegeben. Jeder wusste ja, wie die Krankheit endet. Viele haben erzählt, was sie sich wünschen, wenn sie tot sind. Familien brachen mit positiven Kindern. Beziehungen wurden aus Angst beendet. Auch Konflikte wurden im Club ausgetragen. Einige Gäste drohten mir, sie kommen nicht mehr, wenn ich weiterhin HIV-Positive hereinlasse. Ich habe gesagt: ‚Hört auf, euch ausgerechnet hier zu diskriminieren! Gerade jetzt, wo Solidarität so gebraucht wird!'"

Mit brechender Stimme erzählt die Gastronomin: „Ich wollte klarmachen, dass Ansteckung nicht so einfach geht, habe demonstrativ aus dem Glas eines Positiven getrunken, ihn umarmt und geküsst. Dieser Mensch hat sowieso schon alles verloren, rief ich, macht ihm das Leben nicht noch schwerer! Ich habe damals viele Freunde verloren. Jeder dritte kam und sagte: Ich bin positiv – und innerhalb von wenigen Monaten waren die ersten gestorben. Ich musste zeitweise zweimal die Woche zu einer Beerdigung. Es waren furchtbare Zeiten, vor allem

1984 bis 1988, wir haben wirklich nächtelang geheult. Aber dann sagten wir uns: Nein, Tränen helfen nicht. Einige Positive haben schließlich die AIDS-Hilfe Stuttgart gegründet – als Netzwerk der Selbsthilfe und Aufklärung." Es gab viel zu tun, die Situation war unerträglich. Dass das Bundesgesundheitsamt die deutschen Ärzte zu strengen „Sicherheitsvorkehrungen" im Umgang mit Aids-Kranken ermahnt hatte, hatte schon seinerzeit im ersten Spiegel-Artikel gestanden. Viele Ärzte weigerten sich nach Einführung der Tests jedoch gleich generell, Positive überhaupt zu behandeln. Die Gemeinderätin berichtet gerührt: „Doch in Stuttgart erklärten sich zwei Ärzte bereit, sich ganz besonders um HIV-Positive zu kümmern. Das sind unsere Schwerpunkt-Praxen bis heute: Dr. Ulmer und Dr. Schnaitmann." Und zum Glück waren die Ärzte bald nicht mehr so völlig hilflos wie 1983 vom „Spiegel" beschrieben: Um die Jahrtausendwende gab es endlich neue Hoffnung in Bezug auf wirksame Medikamente zur Eindämmung des Virus. Heute existieren – zumindest in Industrieländern – Behandlungsmöglichkeiten, die den Infizierten eine nahezu normale Lebenserwartung ermöglichen. „Vor allem junge Menschen, die die schlimmen Zeiten nicht erlebt haben, werden deshalb wieder leichtsinniger. Die Zahlen steigen wieder, dabei ist die Infektion immer noch nicht heilbar. Die Medikamente mit ihren Nebenwirkungen senken die Lebensqualität. Und das Stigma, die Ausgrenzung, sind auch keineswegs verschwunden. Prophylaxe und Beratung sind weiterhin wichtig", betont Laura Halding-Hoppenheit, die für ihr vielfältiges Engagement 2014 das Bundesverdienstkreuz am Bande verliehen bekam. „Wir müssen weiterhin für die Rechte der HIV-Positiven kämpfen und aufklären. Gerade deshalb ist eine Gedenkstätte wie hier vor der Oper so wichtig."

Jørn Precht

So geht's zum Gedenkstein-Feld:

Es befindet sich links neben der Freitreppe der Alten Oper, zwischen Hauptbahnhof und Schlossplatz.

Andrea Welz weiß: Kacheln wie diese gibt es mehrere. Wenn man einmal einen Blick dafür bekommen hat, kann man sie vielerorts entdecken.

Kacheln
Harry Gelb lebt weiter

Es war im Sommer 2012. Kunsthistorikerin Andrea Welz hatte etwas zu erledigen. Sie eilte die Sängerstaffel hinunter und nahm aus dem Augenwinkel eine Kachel wahr, die an einem eindrucksvollen Gebäude hing. „Ich bin erst weitergerannt, aber die Kachel hat mich nicht losgelassen. Also bin ich nochmal zurückgegangen." Andrea Welz untersuchte die Kachel genauer und stellte fest, dass sich unter der Glasur eine Art Fotografie befindet. „Ich wusste nicht, was diese Kachel zu bedeuten hat. Werbung? Aber dann hätte sie ja auf ein Produkt hinweisen müssen. Und ich habe kein Produkt entdecken können." Stattdessen fand sie bei näherer Betrachtung eine Signatur und konnte *Harry Gelb* entziffern.
Wer oder was war oder ist Harry Gelb? Andrea Welz war fasziniert und begann zu recherchieren. „Ich habe dann zuerst herausgefunden, dass Harry Gelb eine Figur ist, die der Schriftsteller Jörg Fauser

entworfen hat. Es gibt auch einen Roman, der so heißt." Harry Gelb sei das Alter Ego des Schriftstellers und ein Vielreisender. Doch Schriftsteller Fauser ist schon lange tot. Der 1944 geborene Journalist und Schriftsteller starb einen Tag nach seinem 43. Geburtstag auf mysteriöse Weise: Er wurde von einem Auto erfasst, als er zu Fuß auf einer Autobahn in der Nähe von München unterwegs war. „Wirklich aufgeklärt wurde das nie", sagt Andrea Welz. Sie wusste nun also, dass die Kachel vermutlich etwas mit dem Schriftsteller zu tun hat. Aber als sie die Kachel entdeckte, war der bereitseit einem Vierteljahrhundert tot.

Sie recherchierte weiter und fand heraus, dass es schon über 500 solcher Kacheln in aller Welt gibt. Und in Stuttgart? Nachdem sie nun gewissermaßen die „Harry-Gelb-Brille" aufhatte, entdeckte Andrea Welz auch hier viele weitere Kacheln. Eine hat sie an der Staatsgalerie gefunden, darauf ist etwas zu erkennen, das wie Vogelkäfige aussieht. Über die sozialen Netzwerke ist sie inzwischen auf Menschen gestoßen, die diese Kacheln ebenfalls entdeckt haben und dokumentieren, wo sie sich befinden. Wer aber hat sie geschaffen? „Es gibt zwei Künstler, die, wie auch das Alter Ego von Harry Gelb, auf Reisen sind und überall diese Kacheln anbringen. Sie bleiben aber anonym."

Anfang Juni 2014 wurde die 500. Gelb-Kachel präsentiert. Die Kunsthistorikerin hat schon längst entdeckt, dass die Kacheln nummeriert sind. Ob die Künstler aus Stuttgart stammen? „Es ist anzunehmen", sagt Andrea Welz, „denn hier gibt es besonders viele. Ich glaube, es ist ein Paar, und ich habe auch schon jemanden im Auge, der das sein könnte. Aber ich spreche diejenigen nicht darauf an."
Im Internet stieß sie auf einen Blog von Harry Gelb und auf einen Mann, der sich ausgiebig mit den betreffenden Künstlern befasst und sogar ein Interview mit ihnen geführt hat: Ivan aka PI99. Er sprach mit den Künstlern auch über Jörg Fauser, den Schriftsteller, der die Figur Harry Gelb erfunden hat. Der habe seine „Schreibmaschine als Waffe" gesehen, heißt es in dem Interview. Und Fauser habe gesagt, „in einen einzigen Satz müsse alles rein".

Andrea Welz sagt: „Es geht ja auch um die Frage: Wem gehört diese Stadt eigentlich? Überall kommen neue Werbeflächen, aber das ist alles Kommerz. Ich bin froh, wenn ich in der Stadt nicht nur als Konsument, sondern auch als Person mit meinen Ideen angesprochen werde." Deshalb empfindet sie Harry-Gelb-Kacheln als wirkliches Geschenk. „Jemand gibt etwas, worüber ich nachdenken kann, vor dem ich innehalten, überrascht sein kann." Genau dieses Moment wollen die Künstler auch erreichen. Im Interview mit Ivan sagt einer der Künstler des Harry Gelb-Paares: „Ich finde die Vorstellung einfach schön, dass sich jemand in Buenos Aires mitten auf der Straße ein kleines Stuttgarter Ladengeschäft angucken kann und gleichzeitig in Stuttgart jemand auf einen Ausriß Argentiniens blickt." Die Fotos seien teilweise auf den Spuren von Fausers Harry Gelb entstanden: „Ich war an vielen Orten, die Harry Gelb in seinen Büchern verarbeitet, aber ich will mich ja nicht mit Jörg Fauser messen, deswegen kann man weder von einer Wiederholung noch von einer Fortsetzung seiner Reisen reden, sagen wir mal so, mit seinem Geist im Gepäck gehen wir auf neue Reisen zu neuen Geschichten."

Und warum nennen sich die Künstler „Harry Gelb?" „Wir haben uns den Namen von Jörg Fausers Romanhelden gegeben, weil ich es unfassbar finde, wie ein so grossartiger Autor niemals wirklich zu Ruhm gelangen konnte und zeitweise sogar komplett ignoriert wurde", begründet „Harry Gelb" im via Internet geführten Gespräch mit Ivan. Eine Würdigung für den Schriftsteller also. Jörg Fausers Alter Ego geht nach wie vor auf Reisen. Wurde vom Wortwerk zum Bildwerk.

Eva-Maria Bast

So geht's zu den Kacheln:

Kacheln von Harry Gelb finden sich an vielen Stellen in Stuttgart. Eine gibt es zum Beispiel an der Römerstaffel, eine weitere an der Nordostecke des Rathauses und eine dritte an der Staatsgalerie: Die Kachel hängt an der südlichen Ecke des nördlichsten Flügels Ecke Konrad-Adenauer-Straße / Gebhard-Müller-Platz.

Kanonenhäusle

Was tun, wenn's brennt?

Ein kleines Backsteinhaus, das an ein Hexenhäuschen erinnert – versteckt zwischen Bäumen, steht es auf der Gänsheide, eigentlich eher als Stuttgarter Nobelviertel bekannt. Es ist über die ehemalige Hillerstaffel zu erreichen. Heute heißt die Staffel an dieser Stelle Franz-Dingelstedt-Weg – benannt nach dem früheren Dramaturgen des württembergischen Hoftheaters. Eine, die viel über das in der eleganten Umgebung ein wenig verloren wirkende Häuschen weiß, ist Inge Rinkhoff. Die als „Perle von Marbella" aus dem TV bekannte Immobilienexpertin, die heute zwischen Stuttgart und Spanien pendelt, hat jahrelang auf der Gänsheide gelebt. „Es handelt sich um das sogenannte Kanonenhäusle", erklärt sie. „Es ist über 300 Jahre alt."

Anlass für den Bau dieser Hochwacht sei um 1702 ein Brand in Esslingen gewesen. „200 Häuser fielen dort den Flammen zum Opfer. Um eine ähnliche Katastrophe in Stuttgart zu verhindern, wurden hier Rufe nach einem verbesserten Feuerschutzwesen laut." Im selben Jahr ließ die Stadt daher auf der Gänsheide eine sogenannte Hochwacht errichten. Darin waren zwei „Lärmkanonen" installiert. Laut der Feuerordnung von 1703 sollten im Falle, „wann es allhie brennet, (...) die in der neuerbauten Hoch-Wacht auf der sogenannten Gänshayde stehende zwey Stücklein (will sagen: Kanonen) durch eigene dahin zu reuten bestellte Personen abgefeuert, und also die Nachbarschafft von der obhabenden Gefahr gewahrschauet und benachrichtigt werden." Kurzum: Im Häuschen eigens stationierte Kanonen sollten im Brandfall durch Brandwächter zur Warnung abgefeuert werden. „Andere Bezeichnungen für die Hochwacht waren Lermenhäusle oder Stuckhäusle", fand Inge Rinkhoff heraus.

Doch schon vor den Weltkriegen erlebte das Kanonenhäusle Dutzende Feuer, kleinere und größere Katastrophen – und einmal eine ganz eigene. „Eines Morgens stand die Doppeltüre des Toreingangs zum

Immobilienexpertin Inge Rinkhoff vor dem heute wieder bewohnten „Kanonenhäusle".

Häuschen offen", hat Inge Rinkhoff in Eugen Dolmetschs berühmtem Buch „Aus Stuttgarts vergangenen Tagen" nachgelesen. „Die Kanone war verschwunden! Zum Glück wurde sie später wiedergefunden – in Rohracker."

„Um eine ähnliche Katastrophe in Stuttgart zu verhindern, wurden hier Rufe nach einem verbesserten Feuerschutzwesen laut."

Und nicht immer hatte das Kanonenfeuer einen traurigen Anlass. „Es wurden auch Salutschüsse für Honoratioren abgefeuert", so Rinkhoff, „beispielsweise 1815 bei einem Festmahl im Schloss aus Anlass des Sieges bei Waterloo – oder zum 80. Geburtstag Otto von Bismarcks am 5. März 1895."

1863 entschied Stadtbaumeister J.C. Fritz, das Kanonenhäusle um ein Stockwerk zu erhöhen und eine Wohnung für die Oberfeldwächter zu errichten. Außerdem wurde eine Aussichtsplattform installiert.

„Bewohnt war das Häuschen bis 1975", erklärt die Immobilienexpertin. „Danach suchten dort gelegentlich Obdachlose Unterschlupf." 1979 verhinderte der Verein zur Förderung und Erhaltung historischer Bauten den Abriss des heruntergekommenen Kanonenhäusles. Er mietete es und initiierte die Renovierung. Das Haus wurde mit Duschbad und Küche ausgestattet – und ist heute wieder vermietet.

„Es ist zwar klein und hat nur insgesamt 30 Quadratmeter Wohnfläche auf zwei Stockwerken", räumt Immobilienexpertin Inge Rinkhoff schmunzelnd ein, „aber die Aussicht ist exklusiv; und es gibt hier keinerlei Lärmbelästigung – nicht mal durch Kanonendonner."

Jørn Precht

So geht's zum Kanonenhäusle:

Am Ende der Hillerstraße befindet sich eine kleine Grünanlage. Geht man auf dem hier anschließenden Franz-Dingelstedt-Weg noch ein paar Meter weiter, stößt man auf das Kanonenhäusle.

Harald Schukraft weiß: Dass der eine Gehweg schmaler ist als der andere, hat einen besonderen Grund.

Gehweg
Als die Stuttgarter die Bürgersteige hochklappten

Wenn man sich an den Gehwegrand stellt und die Bordsteinkante entlangblickt, kann man es besonders gut erkennen: Der Bürgersteig in der Hasenbergstraße ist südlich der Gutenbergstraße etwa doppelt so breit wie nördlich derselben. Warum? „Das liegt an der Straßenbahn", sagt der bekannte Stuttgarter Historiker Harald Schukraft und schmunzelt. Moment. Straßenbahn? Die fährt doch gar nicht durch die Hasenbergstraße! „Heute nicht mehr", bestätigt er. „Aber zwischen November 1973 und November 1978 fuhr sie für fünf Jahre genau hier lang. Es gab damals ein großes, großes Problem mit den vielen Autos in Stuttgart. Ein neues Verkehrssystem musste geschaffen werden, deshalb hat man beschlossen, eine S-Bahn-Strecke durch die Stadt hindurchzubauen. Vom Hauptbahnhof bis in die Schwabstraße und noch weiter durch den Tunnel in Richtung Vaihingen." Seit fast 90 Jahren sei zu jener Zeit aber bereits die Straßenbahn in der Rotebühlstraße gefahren. „Die musste nun für den S-Bahn-Bau verlegt werden, man musste ja alles aufreißen. Über 100 Jahre alte Bäume wurden gefällt, die ganze Straße wurde gesperrt." Doch die Leute wollten die Straßenbahn natürlich auch während der Bauarbeiten nutzen. „Deshalb hat man sie in dieser Zeit hier entlanggeführt. Durch die Hasenbergstraße und dann durch die Gutenbergstraße. Und oben in der Rotenwaldstraße kam sie wieder auf die alte Trasse. Es war also eine Straßenbahn-Umleitung", erzählt der Stuttgarter.

Schön und gut. Und spannend. Was aber hat das mit den schmalen Bürgersteigen zu tun? „Es war einfach zu eng, deshalb hat man sie schmaler gemacht", erklärt Schukraft, der die Baumaßnahmen damals interessiert verfolgt hat. „Natürlich war geplant, die Bürgersteige nach der Umleitungszeit wieder zu verbreitern", sagt er. „Und was ist passiert? Nichts! Es ist immer noch genauso schmal." Das kann zwar für Mütter mit Kinderwägen ärgerlich sein. Auf den anderen Gehwegen im Westen, die alle die gleiche, übliche Breite haben, kommen sie, wie Schukraft sagt, bequem aneinander vorbei. Nur hier eben nicht. Aber immerhin ist es ein Stück Stadtgeschichte, das dieserart noch sichtbar ist. „Das Relikt einer ganz wichtigen Baumaßnahme", sagt der Historiker. „Stuttgart ohne S-Bahn, das kann man sich heute gar nicht mehr vorstellen!"

„Natürlich war geplant, die Bürgersteige nach der Umleitungszeit wieder zu verbreitern. Und was ist passiert? Nichts! Es ist immer noch so schmal."

Eva-Maria Bast

So geht's zum schmalen Gehweg:

Er verläuft auf der Hasenbergstraße südlich der Kreuzung mit der Gutenbergstraße.

Bei einem der beiden Bronze-Bären vor dem Bärenschlössle: Jens Pflüger mit seinen Weimaranern Flash und Denisha.

Zisterne

45

Lassen Sie sich keinen Bären aufbinden!

Der doppelte Meister Petz! Vor dem Bärenschlössle im Wildpark im Bezirk Stuttgart-West stehen die beiden spiegelbildlich gestalteten Tiere aus Bronze, die ohne Sockel insgesamt stolze 600 Kilo wiegen. So beliebt sind sie bei den Stuttgartern, dass sie vom vielen Streicheln und Draufsitzen stellenweise regelrecht blank geputzt sind. Hartnäckig rankt sich die Legende um das Bärenschlössle, es habe hier an der idyllisch angelegten, drei Kilometer langen Stauseekette einst einen Zwinger für lebendige Bären gegeben. Doch was ist dran an der Geschichte? Immerhin gibt es am Nordufer des Pfaffensees tatsächlich eine gemauerte runde Grube – der alte „Bärenzwinger"?

163

Jede Menge Wissen über das Bärenschlössle und die „Mär vom Bär" hat der Moderator Jens Pflüger angehäuft, der ganz in der Nähe in Gerlingen aufwuchs. „Das erste Bärenschlössle wurde 1768 von Herzog Carl Eugen in Auftrag gegeben, der für seinen ausschweifenden Lebenswandel berüchtigt war. Er wollte wohl nicht, dass seine höfischen Jagd-Gesellschaften im Regen stehen müssen", meint Pflüger dazu. Architekt Reinhard Ferdinand Heinrich Fischer (1746-1813) habe den zweigeschossigen ovalen Stein-Pavillon im „altrömischen" Stil errichtet. „Von dort aus hatte man einen hervorragenden Ausblick auf den künstlich angelegten Bärensee. Damals schwammen darauf sogar Gondeln – die hatte Carl Eugen ein Jahr zuvor auf einer Italienreise gesehen und nachbauen lassen, zwei Gondoliere ließ er eigens aus Venedig holen." An jene Phase erinnern noch die venezianischen Löwenfiguren, die die ehemalige Landestelle am Bärensee kennzeichnen. Im Erdgeschoss des ersten Bärenschlössles befand sich ein Saal mit Wandmalereien, im ersten Stock ein Salon mit einem Deckengemälde von Nicolas Guibal (1725-1784). „Von diesem Bauwerk existieren heute nur noch eine Abbildung auf einer Kaffeekanne, die in Schloss Ludwigsburg aufbewahrt wird, und eine Radierung von Nikolaus Heideloff, die sich im Stadtarchiv Stuttgart befindet", so Pflüger. „Darauf ist eine Jagd zu Ehren des Großfürsten und späteren Zaren Paul von Russland zu sehen, die am 24. September 1782 abgehalten wurde. Damals mussten die Bauern rund 6000 Hirsche zusammentreiben. Man jagte die Tiere die Terrassen am Bärenschlössle hinunter, durch den Bärensee hindurch und hinüber zur Hirschwiese, wo die Gewehrläufe der Jäger sie erwarteten – eine regelrechte Massenschlächterei."

Carl Eugen starb im Herbst 1793, 1817 wurde das bis dahin recht heruntergekommene erste Bärenschlössle abgerissen.

Der Bärenzwinger? Nein, die gemauerte Grube am Nordufer des Pfaffensees hat eine ganz andere Funktion.

König Wilhelm I. von Württemberg ließ im gleichen Jahr an derselben Stelle einen größeren, achteckigen Jagdpavillon mit zwei Flügeln aus Freudental (bei Besigheim) heranschaffen und baute den Park zu einem großen Wildgehege für Schaujagden aus. Der im klassischen Stil errichtete Pavillon besaß einen mit Jagdtrophäen und -bildern geschmückten Saal. Dazu Pflüger: „Ursprünglich war dieser Pavillon auch außen mit Jagdtrophäen geschmückt und mit Rinde verkleidet."

Zwei 1864 fertiggestellte, aus Zink gegossene Bärenstatuen von Albert Güldenstein wurden in der Nähe des Pavillons aufgestellt. „Güldensteins Hauptwerke waren naturalistische Tierplastiken und tierplastische Applikationen an Kandelabern und Brunnen für die Stuttgarter Schlösser Villa Berg, Schloss Rosenstein und den Zoologischen Garten Wilhelma", weiß Pflüger. Jene ersten Bären waren nicht so „glatt gestrichelt" wie die heutigen, denn bis zum Ersten Weltkrieg waren Park und Schloss nur für Besitzer einer Jahreskarte zugänglich; erst 1919 wurde das Gelände öffentlich zugänglich. Ab 1937 diente der Pavillon als Gästehaus des Landes und der Stadt Stuttgart.

„Eine der beiden Bären-Figuren Güldensteins war wiedergefunden worden und diente nun als Vorlage für die beiden Bronzebären, die bis heute hier stehen. Lilli Kerzinger-Werth schuf sie 1964."

„1943 zerstörte eine Brandbombe den alten Jagdpavillon nahezu vollständig", recherchierte Pflüger. „Er wurde aber 1963 auf der erhalten gebliebenen Terrasse wiederaufgebaut. Das Erdgeschoss gestaltete man als Restaurant, das Obergeschoss als offene Halle. Eine der beiden Bären-Figuren Güldensteins war wiedergefunden worden und diente nun als Vorlage für die beiden Bronzebären, die bis heute hier stehen. Lilli Kerzinger-Werth schuf sie 1964."

Von jener italienischen Malerin und Tierbildhauerin Lilli Kerzinger-Werth (1897-1971) stammt übrigens auch die Figur am Salamander-Brunnen in Stuttgart-Ost (siehe Geheimnis 11).

Drei Jahrzehnte später, am 13. November 1994, brannte auch das dritte Bärenschlössle nahezu völlig ab. Der Bau wurde bis 1997 originalnah neu errichtet, heute nutzt man ihn als Restaurant und Veranstaltungsort. Da jedoch seit 1939 der Rotwild- und seit 1958 auch der Schwarzwildpark Naturschutzgebiet sind, unterliegt die Nutzung des Bärenschlössles bestimmten Einschränkungen.

Nun hat uns Jens Pflüger die gesamte Geschichte des Bärenschlössles erzählt, von lebenden Bären gibt es darin jedoch keine Spur. Kommen die noch? Doch Pflüger schüttelt schmunzelnd den Kopf. „In Wirklichkeit sind die Braunbären schon im 17. Jahrhundert aus Württemberg verschwunden", erklärt er. Was hat es dann aber mit der eingangs erwähnten gemauerten Grube auf sich? Doch kein Bärenzwinger? „Nein, dabei handelt es sich lediglich um eine Wasserfassung und den Zugang zum Christophstollen." Jenen Stollen habe Herzog Christoph 1566 anlegen lassen. Wasser vom aus der Glems künstlich aufgestauten Pfaffensee sei durch diesen 873 Meter langen Christophstollen geleitet worden, um damit den Nesenbach mit Wasser zu versorgen. „Als auch so nicht mehr ausreichend Wasser ins Tal kam, ließ Herzog Johann Friedrich 1618 den Bärensee anlegen. Der empfing genug Wasser aus dem Bernhardsbach, der damals noch Bärenbach hieß." 1833 wurde zudem der ‚Neue See' angelegt. Bis heute fließt Wasser durch den Stollen über die Heslacher Wasserfälle hinunter ins Tal.

„Der vermeintliche Bärenzwinger ist also ein Relikt der Wasserversorgung", betont Jens Pflüger. „Wer etwas anderes behauptet, versucht Ihnen einen Bären aufzubinden."

Jørn Precht

So geht's zur Zisterne:

Das Bärenschlössle mit den Bronzebären hat die Adresse Mahdentalstraße.

Nein, dieser Gedenkstein ist nicht für einen Sünder – sondern für einen Bürgermeister.

Gedenkstein
Die Macht erfundener Geschichten

Stäffele gehören zu Stuttgart und zum Leben jedes Stuttgarters. Die vielen Stufen von den Wohngegenden hinab in die Stadt zu eilen – und wieder hinauf, mit Einkaufstüten beladen – ist für viele ein selbstverordnetes Fitnessprogramm und für manche sogar ein Hochgenuss. Zu Letzteren gehört Oliver Mirkes, der in die Stuttgarter Stäffele regelrecht vernarrt ist, weil man an ihnen so viele Höhenmeter machen kann, was sein Bergsteigerherz erfreut, und weil sie so eng mit der Geschichte der Stadt verwoben sind. Im Jahr 2012 hat er die „Stuttgarter Stäffelestour" gegründet und zeigt Interessierten all die vielen Dinge, die ihm entlang der Stäffele begegnen. Die älteste urkundlich erwähnte Staffel der Stadt ist die bereits um 1300, damals als „gestaffelte Furch" bezeichnete Sünderstaffel. In ihrem oberen Bereich befindet sich ein offenkundig sehr alter Stein in einem Stück Wiese. Nach diesem Stein, hörte Mirkes, sei die Sünderstaffel benannt worden. Denn am heutigen Standort des Steins habe sich einst ein Richtplatz befunden. Der Stein sei als Erinnerung an einen armen Sünder, dem hier sein letztes Stündlein schlug, aufgestellt worden.

Diese Geschichte, beteuert Oliver Mirkes grinsend, sei nur erfunden. In Wirklichkeit habe der Stein nichts mit einem Sünder zu tun, „sondern mit einem Bürgermeister". Die Inschrift auf dem Gedenkstein lautet: *Peccatorum Desiderium Peribit Johanns Broll ff 1564*, was so viel bedeutet, wie: „Denn was die Gottlosen gerne wollten, das ist verloren." Über der Inschrift ist ein Totenkopf zu sehen. „Auf der Rückseite kann man das Wappen des Verstorbenen entdecken", so Mirkes. Dieser 1564 verstorbene „Johann Broll war Bürgermeister, nicht von Stuttgart, sondern irgendwo hier oben in der Gegend" – und er habe wohl auch Weinberge besessen.

Liebt die Stäffele – und dieses älteste Stuttgarter Stäffele ganz besonders: Stadtführer Oliver Mirkes.

Doch wie kommt man von einem Gedenkstein für einen Bürgermeister zu dem Schluss, dass hier Menschen hingerichtet wurden? „Es gab noch einen zweiten Stein, der hier in der Nähe stand. Und dieser trug die Inschrift: *Gott sey mir Sünder gnedig. Deus propitius esto mihi.*" Auf einer Seite des Steins war zu lesen: *Anno Domini 1552 Johann Ruger*. „Dieser Stein ging verloren. Eine Sage, die sich um ihn spann, nicht", sagt Mirkes: Am 21. März 1845 habe die „Stadt-Glocke" über die Entstehung der Sünderhalde geschrieben. Herausgeber des Blattes war Stadtrat und Buchdrucker Johann Gottfried Munder (geb. 1802), und was er schrieb, war zwar ausdrücklich erfunden, erfreute sich aber dennoch größter Beliebtheit. „Und in dieser Sage hieß es eben, dass ein junger Mann namens Rugger zum Tode verurteilt wurde und darum bat, auf dem Weinberg seines Vaters hingerichtet zu werden", erzählt der Stäffeleführer. „Es ging um eine

Fehde, die in einem Wirtshaus entbrannt war – und um eine Frau, die Rugger beeindrucken wollte. Rugger hat im Zuge einer Auseinandersetzung einen Mann getötet."

Der Dichter Karl Gerok (1815-1890). der sich um die Mitte des 19. Jahrhunderts häufig in den Weinbergen aufgehalten haben soll, habe aus den in der „Stadtglocke" veröffentlichten Sagen oft Balladen gemacht, erzählt Oliver Mirkes. So sei es auch bei dieser Sage gewesen. Zu dem Namen Rugger hätten sich Munder und Gerok wohl von dem – verloren gegangenen – Stein inspirieren lassen. In der Ballade „Die Weinberghalde zum Sünder" dichtet Gerok: „Kein Wort hat der Rugger gesprochen / Die Klinge durchs Herz ihm gestochen." Das Blutgericht hat daraufhin „das Stäblein gebrochen / Das Haupt ihm vom Halse gesprochen." Der Delinquent bat „Nicht am Markt, – auf grünender Haiden / Laßt den bittern Tod mich erleiden. / Am Gabelberg liegt mir mein Ahnengut / Da laßt mich verspritzen mein junges Blut / Wo mein Vater den Wingert gebauet / Wo vom Berge die Stadt man erschauet." Am Schluss stellte sich Gerok noch vor – und machte deutlich, dass die Geschichte erfunden ist: „Wer hat uns dies Liedlein vom Rugger gemacht? / Ein Schreiber von Stuttgart hat es erdacht / Saß gestern droben am Steine / – Mutterseelenalleine." Mirkes findet es erstaunlich, welche Wege Sagen manchmal gehen. Die Geschichte um den Stein am Stuttgarter Sünderstäffele ist hier sicher keine Ausnahme.

„Der Stein ging verloren. Die Sage, die sich um ihn spann, nicht."

Was der im 16. Jahrhundert verstorbene Bürgermeister wohl sagen würde, wenn er wüsste, was man über seinen Gedenkstein so alles dichtete?

Eva-Maria Bast

So geht's zum Gedenkstein:

Der Gedenkstein befindet sich an der Sünderstaffel in unmittelbarer Nähe zur Stafflenbergstraße auf dem ersten Treppenabsatz, an dem sich die Stufen nach rechts und links teilen.

Landeshistoriker Dr. Gerhard Raff (rechts) mit Bildhauer Markus Wolf und dessen Replik des Marksteins.

47

Markstein
Der Stein des Zusammenstoßes

Auf der Grenze zwischen Stuttgart Süd und Degerloch, auf dem Haigst, befindet sich ein zwei Meter hoher Markstein. Was er für eine Bedeutung hat, ist den meisten Spaziergängern ebenso unbekannt wie die Tatsache, dass es sich um eine Kopie handelt. Einer, der es allerdings weiß – und noch viel mehr, was es zu diesem Stein zu erzählen gibt, ist der Stuttgarter Künstler, der die Replik erstellt hat: Markus Wolf.

„Der Markstein hat eine dreifache Funktion: Einerseits erinnert er an die Gründung des Herzogtums Württemberg 1495, andererseits markiert er die Grenze zweier früherer Landesteile – und drittens die Grenze zwischen der Residenz Stuttgart und Degerloch", weiß Wolf zu berichten. Einst führte an der Stelle eine um 1300 entstandene wichtige Handelsroute durch die Weinberge. Da sich Stuttgart seinerzeit in einer lang andauernden Feindschaft mit der Reichsstadt Esslingen befand, konnte es die Route nicht am Neckar entlang legen.

Konflikte gab es natürlich auch im 20. Jahrhundert. Nach dem Zweiten Weltkrieg hatten die Streitkräfte der Alliierten Stuttgart besetzt. Markus Wolf berichtet: „Irgendwann 1945 hat wohl ein US-Soldat den geschichtsträchtigen Markstein kaputtgefahren. Die Überreste gingen in den Folgejahren dann verloren." Als in den 1990ern das 500-jährige Jubiläum der Gründung des Herzogtums näher rückte, wuchs das Interesse an einer Wiederherstellung des Denkmals. Der damalige Oberbürgermeister Manfred Rommel (1928-2013) ließ die Wiederherstellungskosten ermitteln: 33.000 D-Mark. „Viel zu viel!", erklärt Wolf, der nach dem Abitur die Meisterschule für Steinbildhauer in Freiburg im Breisgau abschloss. Der Degerlocher Landeshistoriker Dr. Gerhard Raff, *der* Experte für das Haus Württemberg schlechthin, der zu dem Thema auch schon zahlreiche Bücher veröffentlicht hat, gab die Idee von der Wiederherstellung des Marksteins aber nicht auf. Markus Wolf: „Ich hatte Dr. Raff 1994 bei einer Denkmalrettungsaktion kennen gelernt. Er hat mir diesen spannenden Auftrag vermittelt." Gemeinsam ersannen Historiker und Bildhauer die Möglichkeit einer Replik aus elsässischem Sandstein, die nur 6.600 Mark kosten sollte. Dr. Raff gelang es, den Degerlocher Architekten Peter Kappes an dessen 50. Geburtstag zu überzeugen, das Geld zu stiften. Wolf freute sich: „Ich konnte mich also an die Arbeit machen, anhand alter Fotografien den Markstein zu rekonstruieren."

Im Zuge dessen erhielt Bildhauer Wolf vom Experten Dr. Raff zahlreiche Fakten aus der spannenden Geschichte des Marksteins. „Ich erfuhr, wie das damals war mit dem ersten Herzog Württembergs."

Graf Eberhard V. (geboren 1445, siehe Geheimnis 10) wurde nach langen Verhandlungen am 21. Juli 1495 auf dem Reichstag zu Worms vom römisch-deutschen König und späteren Kaiser Maximilian I.

(1459-1519) zum Herzog von Württemberg und Teck erhoben. Wenige Monate später, am 25. Februar 1496, starb „Eberhard im Barte" 50-jährig an Fieber, roter Ruhr und Blasengeschwüren in Tübingen, wo man in der Stiftskirche noch heute seine Grabplatte besichtigen kann.

„Knapp ein halbes Jahrtausend nach Eberhards Ernennung zum Herzog machte ich mich daran, den Markstein pünktlich zum Jubiläum fertig zu bekommen", erzählt Markus Wolf. Wie auf dem Original meißelte der Bildhauer für die Funktion als Grenzstein in die dem Stadtkessel zugewandte linke Seite des Marksteins den Hinweis *Under der Steig*, in die rechte Seite in Richtung Degerloch *Ob der Steig*. Auf der Vorderseite ist das viergeteilte Wappen des Herzogtums Württemberg zu sehen und darunter der Wahlspruch *Hie gut Wirtemberg allewege*.

Am Donnerstag, 20. Juli 1995, dem Vorabend des 500-jährigen Jubiläums der Gründung des Herzogtums „Wirtemberg", wurde Wolfs Kopie des Marksteins am ursprünglichen Aufstellungsort auf dem Haigst feierlich eingeweiht. Seine königliche Hoheit Herzog Carl von Württemberg ließ es sich nicht nehmen, den Steinquader selbst zu enthüllen. „Diese Kopie des alten Steins steht für die Einheit des Herzogtums Württemberg", bemerkte der Herzog und gab der Hoffnung Ausdruck, er möge die Menschen anregen, ihre eigene Geschichte wiederzuentdecken.

Das können sie noch heute. Die Oberfläche des Sandsteins wurde von Wolf so gut behandelt, dass das Denkmal noch immer in seiner ganzen Pracht bewundert werden kann. Und der Weg auf den Haigst lohnt sich ohnehin – die Aussicht vom Denkmal aus auf den Stadtkessel ist atemberaubend.

Jørn Precht

....
So geht's zum Markstein:

Die Aussichtsplattform mit dem Markstein ist gut von der Zahnradbahn-Haltestelle „Haigst" aus zu erreichen. Mit dem Auto auf der Neuen Weinsteige auf Höhe der U-Bahn-Haltestelle „Weinsteige" kurz vor Degerloch rechts in Richtung Haigst abbiegen.

Ein romantischer Ort im Stuttgarter Westen.

Sophienbrunnen
Romantisches Denkmal mal ohne Happy End

Romantische Waldesruhe, nur ein Brunnen plätschert. Am oberen Ende der Hasenbergsteige biegt die asphaltierte Straße links in Richtung Birkenkopf ab, in gerader Richtung führt ein kleinerer Weg in den Wald. Etwa 300 Meter diesen Weg hinab, befindet sich auf der rechten Seite ein steinernes Halbrund mit Brunnen. Den Namen, der an der linken Mauer der Brunnenanlage eingemeißelt ist, übersieht man leicht: SOPHIENBRUNNEN. Marita Grimke, Roman-Autorin und Projektkoordinatorin beim Institut für Auslandsbeziehungen, weiß mehr über den Waldbrunnen. Sie entdeckte ihn bei einer Wanderung auf den „Monte Scherbelino" genannten Birkenkopf (siehe Geheimnis 50) im äußersten Westen Stuttgarts. „Der Brunnen mitten im Wald wirkte so romantisch", erzählt sie. „Ich bin spontan dort stehen geblieben." Als sie nach einer Weile das verwitterte Namensschild entdeckte, fragte sich

Marita Grimke, die in Bonn Geschichte studiert hat, ob der Brunnen wohl etwas mit Prinzessin Sophie (1818-1877) zu tun haben könnte. Ihre Recherche bestätigte diese Vermutung: Der Brunnen wurde 1839 anlässlich der Hochzeit der damals 21-jährigen Sophie Friederike Mathilde Prinzessin von Württemberg mit ihrem Cousin Wilhelm, Prinz von Oranien (1817-1890), errichtet.

„Ihr Gatte bestieg zehn Jahre nach der Eheschließung den niederländischen Königsthron", weiß Marita Grimke. „Sophie war somit ab 1849 bis zu ihrem Tode Königin der Niederlande. Von königlichem Blut war sie aber auch selbst."

Romanautorin und Historikerin Marita Grimke an ihrer Entdeckung im Wald, dem Sophienbrunnen.

Sophie war die Tochter von König Wilhelm I. von Württemberg (1781-1864) und der russischen Großfürstin und Zarentochter Katharina Pawlowna (1788 greg.-1819). „Großgezogen wurde Sophie aber von ihrer Tante, da ihre Mutter kurz nach ihrer Geburt unter tragischen Umständen gestorben war. Das war damals ein sehr trauriges Eifersuchtsdrama", erzählt die studierte Historikerin. „Als Sophies Mutter Katharina erfahren hatte, dass Wilhelm I. nicht bereit war, sein Verhältnis mit einer italienischen Adligen aufzugeben, fuhr die Königin den beiden bis in das Königliche Privatgestüt Scharnhausen nach. Dabei trug sie nur ein dünnes Kleid. Aufgrund der winterlichen Kälte kam es, wie es kommen musste: Die Königin zog sich eine Grippe zu, an einer Gürtelrose litt sie bereits seit November 1818." Die Kombination beider Krankheiten und die an ihr zehrende Eifersucht – all das war zu viel für Sophies Mutter Katharina. Sie starb am 9. Januar 1819 im Alter von 37 Jahren. „Der Großraum Stuttgart hat also – vielleicht aufgrund von Wilhelms schlechtem Gewissen – ein sehr schönes Denkmal bekommen", erklärt Marita Grimke. „Sophies Vater ließ seiner Frau nämlich auf dem Württemberg im Stuttgarter

Stadtteil Rotenberg eine noch heute weithin sichtbare Grabkapelle errichten. Auf deren Portal steht geschrieben: *Die Liebe höret nimmer auf*. Wenn man die tragischen Umstände ihres Todes in Betracht zieht, klingt das fast ironisch."

Leider erwies sich auch Sophies eigene, am Tag nach ihrem 21. Geburtstag in Stuttgart geschlossene Ehe mit ihrem Cousin als ausgesprochen unglücklich. Daher lenkte sie sich durch regen Briefwechsel mit Staatsoberhäuptern und anderen bekannten Zeitgenossen ab und verbrachte viel Zeit bei ihrer Familie in Stuttgart. „Immerhin schenkte Sophie Wilhelm drei Söhne", erklärt Marita Grimke. „Diese starben jedoch vor ihrem Vater, der nach Sophies Tod die wesentlich jüngere Prinzessin Emma zu Waldeck und Pyrmont (1858-1934) heiratete." Aus Wilhelms zweiter Ehe stammt die spätere Königin Wilhelmina.

„Die wenigsten Besucher kennen die traurigen Geschichten aus dem Leben der Namensgeberin des Brunnens."

„Die wenigsten Besucher kennen die traurigen Geschichten aus dem Leben der Namensgeberin des Brunnens", sagt Marita Grimke nachdenklich. „Sie genießen einfach die Schönheit dieses Ortes und des Brunnens." Dass dies weiterhin möglich ist, dafür sorgt das Tiefbauamt Stuttgart, das ihn betreut und 1999 sanieren und 2016 den Schriftzug erneuern ließ. Der Brunnen, der im Einzugsbereich der südlich zum Nesenbach entwässernden Ziegelklinge liegt, ist von Mai bis September in Betrieb. Egal ob man verliebt ist oder nicht, egal ob glücklich oder unglücklich – schön ist es hier auf jeden Fall.

Jørn Precht

....
So geht's zum Sophienbrunnen:

Der Sophienbrunnen steht am Ende der Hasenbergsteige. Dort, wo die asphaltierte Straße rechts in Richtung Birkenkopf abbiegt, vom Parkplatz aus etwa 500 Meter den Waldweg hinuntergehen. Der Brunnen befindet sich auf der rechten Seite.

Merkursäule

Wasser im Kasten und ein Tanz auf der Kugel

Wie prächtig er aussieht, der goldene Merkur, der in mehr als 20 Metern Höhe auf dem Kapitell des hohen Turms thront! Die goldene Kugel, auf der er steht, berührt er nur mit einem Fuß, seine Gestalt ist gedreht, was ihn dynamisch und schwungvoll wirken lässt. Besonders wenn die Sonne ihn küsst und der Himmel knallblau ist, leuchtet und funkelt er, dass es eine wahre Freude ist. „Der Merkur stand dort aber nicht immer", weiß Stadtkenner Volker Karcher. „Und die Säule wurde auch nicht für ihn errichtet." Früher „Dorische Wassersäule" genannt, stand sie schon lange an Ort und Stelle, bevor Merkur seinen prominenten Platz bekam. Sie wurde bereits im Jahr 1598 von Hofbaumeister Heinrich Schickhardt (1558-1635) erbaut – und zwar für einen ganz anderen Zweck.

„Es handelt sich um eine Wassersäule, die das Alte Schloss, die Schlosskirche und die barocke Gartenanlage auf dem Schlossplatz mit Wasser versorgte", erklärt Volker Karcher. Statt des Merkurs habe sich damals ein Holzkasten hoch oben auf der Säule befunden, der mit Wasser gefüllt war. „Durch den dank des Hochbehälters entstehenden Wasserdruck hat man dann zum Beispiel die Springbrunnen zum Sprudeln gebracht." Um 1800 wurde der untere Teil der Säule, das quadratische Postament, mit einem kleinen Brunnen versehen, der im Volksmund zum „Kosakenbrünnele" wurde. „In den Kriegen gegen Napoleon sollen die Kosaken 1814 dort ihre Pferde haben trinken lassen", erzählt der Stuttgarter die Sage um die Entstehung des Namens. Bis Mitte des 19. Jahrhunderts habe der Wasserturm, der durch unterirdische Leitungen mit der Schlossanlage verbunden gewesen sei, seinen Dienst getan. „Dann bekam Stuttgart eine

> „Es handelt sich um eine Wassersäule, die das Alte Schloss, die Schlosskirche und die barocke Gartenanlage auf dem Schlossplatz mit Wasser versorgte."

Volker Karcher vor der Merkursäule.

modernere Wasserversorgung", erzählt der Stadtkenner. Als die Alte Kanzlei in den Jahren 1861 bis 1864 umgebaut wurde, wünschte König Wilhelm I., dass der Wasserkasten, der inzwischen ausgedient hatte, entfernt würde.

Das war die Stunde des Merkur! Bildhauer Ludwig von Hofer (1801-1887) hatte ihn nach dem Vorbild einer Merkur-Figur des italienischen Renaissance-Künstlers Giovanni da Bologna (1529-1608) aus dem Jahr 1580 geschaffen. In Stuttgart war von Hofer kein Unbekannter: Auch die Rossebändiger-Gruppe im Unteren Schlossgarten, die Concordia und das Denkmal für Graf Eberhard stammen von ihm. Die Merkur-Zinkfigur von Ludwig von Hofer wurde im Zweiten Weltkrieg beschädigt, dann von einem Aluminiumguss und 1995 schließlich durch den vergoldeten Bronzeguss ersetzt.

Wo heute der Merkur tanzt, befand sich früher etwas ganz anderes.

„Merkur ist der Gott der Händler und der Diebe", erzählt Karcher. Damit hatte es der Gott sicherlich nicht immer leicht. Man stelle sich vor, dass ein Dieb auf dem Markt, der auf dem Schillerplatz stattfand, Gemüse klaut und Merkur um Beistand bittet, damit man ihn nicht erwischt, während der Händler denselben Merkur zur gleichen Zeit mit der Bitte anruft, man möge den dreisten Dieb doch fassen! Eine wahrhaft schwierige Aufgabe!

Eva-Maria Bast

So geht's zur Merkursäule:

Sie steht am Schillerplatz, Ecke Planie, direkt neben der Alten Kanzlei.

Journalistin Kathrin Wesely und Schauspieler Torsten Hoffmann zwischen Weltkriegs-Trümmern.

„Monte Scherbelino"

Kriegstrümmer mit Panoramablick

50

„Wie eine kleine Apokalypse sah das plötzlich aus", erzählt der Stuttgarter Schauspieler Torsten Hoffmann. „Man schafft es aus dem Wald hier hoch, und dann: überall Trümmer, teilweise halb zugewachsen, viele Fassadenreste zerstörter Gebäude. In Verbindung mit der atemberaubenden Aussicht auf den Stuttgarter Talkessel irgendwie skurril."

Torsten Hoffmann zog 2009 von Esslingen in die Landeshauptstadt. Als er in jenem Frühjahr erstmals den Weg rund um den terrassenförmigen Birkenkopf in Stuttgart-West hinaufgejoggt war, wurde er

179

von diesem Anblick überrascht. „Oben ging es durch ein Portal aus zerbrochenen Mauersteinen und zerschlagenen Säulen auf das Aussichtsplateau", erinnert sich Hoffmann. „Rund um die Plattform wallartig aufgehäufte Baufragmente."

Auch Kathrin Wesley, bei „Stuttgarter Zeitung" und „Stuttgarter Nachrichten" im Ressort Stadtleben zuständig für Stuttgart-West, hat sich bereits mit diesem höchsten Punkt im inneren Stadtgebiet beschäftigt. Heute ist der südlich des Bezirks Stuttgart-Botnang befindliche Birkenkopf 511 Meter hoch. „Das war nicht immer so", klärt die Journalistin auf. „Zwischen 1953 und 1957 wuchs die ursprüngliche, natürliche Erhebung um etwa 40 Meter. Auf ihrer Spitze wurden in jener Zeit nämlich über 1,5 Millionen Kubikmeter Trümmerschutt aus dem Zweiten Weltkrieg abgelagert. Im Volksmund heißt der Birkenkopf daher auch ‚Monte Scherbelino'. Du stehst auf 40 Metern gestapelter Trümmer zerbombter Stuttgarter Häuser", bestätigt Torsten Hoffmann. Durch 53 Bombenangriffe wurden in der Landeshauptstadt im Zweiten Weltkrieg 39.125 Gebäude zerstört oder beschädigt, was 57,5 Prozent der Bausubstanz entsprach; in der Innenstadt waren es sogar 68 Prozent. 4562 Menschen kamen bei den Angriffen durch die britische Royal Air Force und die United States Army Air Forces in Stuttgart ums Leben, darunter 770 Ausländer, größtenteils Zwangsarbeiter. Der schwerste britische Luftangriff sorgte in der Nacht des 12. September 1944 für einen Feuersturm im Stuttgarter Talkessel, der 957 Todesopfer forderte. „Ein beklemmender Gedanke", sagt Torsten Hoffmann. „Man hat unmerklich Hunderte von Relikten aus dem Luftkrieg bestiegen, wenn man am Gipfelkreuz angekommen ist."

Das 2003 eingeweihte, zehn Meter hohe Stahlkreuz, im Hintergrund der Panoramablick auf den Stadtkessel von Stuttgart und den Fernsehturm.

Das Kreuz auf der Ostseite der Aussichtsanlage mahnt seit 1953 zum Gedenken. „Zunächst stand hier ein Holzkreuz", hat Kathrin

Wesely recherchiert. „2003 musste das aber wegen Einsturzgefahr entfernt werden. Am Buß- und Bettag jenes Jahres wurde dann das neue, weithin sichtbare, zehn Meter hohe Kreuz aus Stahl eingeweiht."

Finanziert wurden die 22.000 Euro Kosten dafür damals laut „Stuttgarter Nachrichten" vollständig über Spendengelder. 10.000 Euro davon hatte der Verschönerungsverein Stuttgart gesammelt. Unter dem Kreuz veranstaltet die Evangelische Gesamtkirchengemeinde im Rahmen der Reihe „Kirche im Grünen" jeden Sonntag zwischen Ostersonntag und September einen Gottesdienst. Um acht Uhr morgens – und bei jedem Wetter!

Die Pläne für den Trümmerberg erstellte nach dem Krieg der Maler und Architekt Manfred Pahl (1900-1994). „Er leitete in den 1950er-Jahren bei der Stadtverwaltung die Abteilung für Grünplanung", berichtet Kathrin Wesely.

Trotz der traurigen Geschichte seiner oberen vierzig Meter ist der Birkenkopf auch heute eines der beliebtesten Ziele für Wanderer und Spaziergänger. „Von hier aus kann man bei schönem Wetter und guter Sicht sogar die Schwäbische Alb, den Nordschwarzwald und das Unterland erkennen", erklärt der gebürtige Ostälbler Torsten Hoffmann die Begeisterung der Bergbesucher. „Und wenn man auf die schöne Stadt runterschaut, schadet es sicher nicht, der Opfer des Weltkrieges zu gedenken – und dankbar für den Frieden zu sein, den wir heute haben."

Jørn Precht

So geht's zum Monte Scherbelino:

Zwei Buslinien halten in der Nähe: Linie 92, Haltestelle „Birkenkopf", und Linie 40, Haltestelle „Botnanger Sattel". Von da aus erreicht man den Gipfel über einen Fußweg durch den Wald. Auch mit dem Auto ist der „Monte Scherbelino" nicht direkt erreichbar. Wenn man seinen PKW am Parkplatz Ecke Geißeich- und Rotenwaldstraße abstellt, sind es von dort noch ungefähr zehn Minuten auf dem rund um den terrassenförmigen Berg führenden Waldweg zum Gipfelkreuz.

Quellen, Literatur, Bildnachweis

Äffle & Pferdle: „Der Hafer- und Bananenblues (original)". URL: https://www.youtube.com/watch?v=7FyaEEMRY_A. Abgerufen am 11.02.2016.

AIDS-Hilfe Stuttgart e.V.: Denkraum: Namen und Steine, Stuttgart 2014. URL: http://www.aidshilfe-stuttgart.de/index.php?article_id=707. Abgerufen am 07.02.2016.

Armbruster, Heike: „Dem Abriss entronnen". In: Stuttgarter Zeitung vom 12.04.2012.

Aust, Stefan: Der Baader-Meinhof-Komplex. Hamburg 2005.

Ayerle, Nina: „Garnisonsschützenhaus in Stuttgart: Eine Chance für das ‚Haus der Ruhe'". In: Stuttgarter Zeitung vom 08.02.2015. URL: http://www.stuttgarter-zeitung.de/inhalt.garnisonsschuetzenhaus-in-stuttgart-eine-chance-fuer-das-haus-der-ruhe.4430de7d-6895-4c20-8112-c76e1c8be4dd.html. Abgerufen am 06.04.2016.

Basmala. Islam-Pedia: URL: http://www.islam-pedia.de/index.php5?title=Basmala. Abgerufen am 17.04.2016.

Basmala. Wikipedia: URL: http://de.wikipedia.org/wiki/Basmala. Abgerufen am 17.04.2016.

Bast, Eva-Maria; Thissen, H.: Geheimnisse der Heimat. 50 spannende Geschichten aus Konstanz, Bd. 2. Überlingen 2013, S. 100-102.

Bernardini, Georg: Schokolade – Das Standardwerk. Bonn 2015.

Blahus, Petr: Zukunft braucht Erinnerung. 12.01.2005. URL: http://www.zukunft-braucht-erinnerung.de/werwoelfe-1945/. Abgerufen am 21.02.2016.

Blaschko, Sandra; Hutzel, S.; Rau, M.: Stuttgarts Schokoladenseite schmeckt nicht mehr. URL:https://www.hdmstuttgart.de/~ferdinand/produktionen/ss07_Secret_Places_all_bilder.pdf. Abgerufen am 05.03.2016.

Blattwerk-Gartengestaltung: „Ausbildung macht Freude". URL: http://www.blattwerk-gartengestaltung.de/blattwerk/ausbildung.html. Abgerufen am 07.02.2016.

Bleicher, Willi. Willi Bleicher - sein Wirken als Widerstandskämpfer. Referat für den Geschichtswettbewerb „Denk-Mal, ein Mensch im Widerstand" des Hauses der Geschichte Baden-Württembergs. URL: http://www.wirtemberg.de/willi-bleicher.htm. Abgerufen am 19.04.2016.

Bock, Jürgen: „Johanniskirche – Gestutzter Turm gilt als Mahnmal gegen Krieg". In: Stuttgarter Nachrichten vom 22.02.2015. URL: http://www.stuttgarter-nachrichten.de/inhalt.johanniskirche-gestutzter-turm-gilt-als-mahnmal-gegen-krieg.00208e73-c4e2-487f-a406-a5fae28e2125.html. Abgerufen am 10.02.2015.

Bogen, Uwe: „Merkurs neuer Aufguß. Im September ‚fliegt' der Götterbote auf seine Säule zurück". In: Stuttgarter Nachrichten vom 29.08.1995.

Bogen, Uwe; Wagner, Th.: Stuttgart. Eine Stadt verändert ihr Gesicht. Erfurt 2012, S. 10 f.

Brand, Jürgen: „30 Jahre Werkstatthaus: Hier residierte der Pionier der Fotoindustrie". In: Stuttgarter Nachrichten vom 25.03.2015. URL: http://www.stuttgarter-nachrichten.de/inhalt.30-jahre-werkstatthaus-hier-residierte-der-pionier-der-fotoindustrie.acf83c72-ab8e-46c6-a2d7-8754be764314.html. Abgerufen am 17.04.2016.

Brand, Jürgen: „Eine Kuhherde in der Klingenbachanlage". In: Innenstadt-Teil von Stuttgarter Zeitung und Stuttgarter Nachrichten vom 25.04.2012.

Breuer, Judith; Clostermann, G.: Die Bauten im Stuttgarter Weißenburgpark: Zur Restaurierung von Marmorsaal und Teehaus. URL: https://journals.ub.uni-heidelberg.de/index.php/nbdpfbw/article/viewFile/13410/7222. Abgerufen am 11.04.2016.

Bruckmann, Erhard: „Schiller-Verehrung beim Verschönerungsverein von 1863 bis 2009". In: Kress, Wolfgang: Das Freilichttheater im Bopserwald: Eine fast vergessene Stätte der Schiller-Verehrung in Stuttgart. Stuttgart 2009, S. 5.

Czimmer-Gauss, Barbara: „Das Bärenschlössle: Die Mär vom Bär". In: Stuttgarter Nachrichten vom 5.09.2014. URL: http://www.stuttgarter-nachrichten.de/inhalt.das-baerenschloessle-die-maer-vom-baer.3496b319-8d32-425c-8b1e-fd9b69ff3996.html. Abgerufen am 17.04.2016.

DER SPIEGEL: „Aids: Eine Epidemie, die erst beginnt". In: Spiegel 23/1983 vom 06.06.1983. URL: http://www.spiegel.de/spiegel/print/d-14021779.html. Abgerufen am 08.02.2016.

DER SPIEGEL: „STREIK, Millionen im Mai". Ausgabe 19 / 1963. URL: http://www.spiegel.de/spiegel/print/d-45143325.html. Abgerufen am 03.05.2016.

DER SPIEGEL: „MOORE: Vertraute Liegende". In: DER SPIEGEL 31/1968, S. 82-83. URL: http://www.spiegel.de/spiegel/print/d-45995993.html. Abgerufen am 21.04.2016.

Dietenberger, André: „Der alte Central Bahnhof Stuttgart". Am 11.03.2012 eingestellt auf: Andrés Blögle (www.dietenberger.de). URL: http://dietenberger.de/blog/2012/03/11/der-alte-central-bahnhof-stuttgart/. Abgerufen am 15.04.2016.

Dolmetsch, Eugen: Aus Stuttgarts vergangenen Tagen (Zweiter Band von „Bilder aus Alt-Stuttgart"), Selbsterlebtes und Nacherzähltes, zitiert nach: Ayerle, Nina: „Das Kanonenhäusle auf der Gänsheide – Ein Häuschen wacht über die Stadt". In: Stuttgarter Zeitung vom 15.02.2012. URL: http://www.stuttgarter-zeitung.de/inhalt.das-kanonenhaeusle-auf-der-gaensheide-ein-haeuschen-wacht-ueber-die-stadt.47df4af5-459c-43ee-8095-f3cc5d551132.html. Abgerufen am 10.02.2016.

Dolmetsch, Eugen: „Aus Stuttgarts vergangenen Tagen". Bilder aus Alt-Stuttgart. Selbsterlebtes und Nacherzähltes, Bd. 2. Stuttgart 1931, S. 26-28, 66-69.

Dosch, Christian: „Historie". Auf: www.garnisonsschuetzenhaus.de. URL: https://garnisonsschuetzenhaus.wordpress.com/haus-der-stille/historie/. Abgerufen am 06.04.2016.

Ellrich, Hartmut: Das historische Stuttgart. Petersberg 2009.

Ferdinand, Horst: „Heuss-Knapp, Elly". In: Baden-Württembergische Biographien Bd. 2, S. 218-223 (online).

Feuerordnung von 1703, zitiert nach: Herrmann, Dirk: „Das Kanonenhäusle – Donnernde Schläge warnten die Bürger vor dem Feuer". In: Stuttgarter Nachrichten vom 07. Februar 2015. URL: http://www.stuttgarter-nachrichten.de/inhalt.das-kanonenhaeusle-donnernde-schlaege-warnten-die-buerger-vor-dem-feuer.dc856ddf-12f5-410c-818d-9b586e91b037.html. Abgerufen am 10.02.2016.

Fortino, Marco: „Die schwäbische Brezel-Saga". Auf: www.brezel-baecker.de. URL: http://www.brezel-baecker.de/brezelgeschichte#kapitel2. Abgerufen am 23.04.2016.

Forum Hospitalviertel. „Obere Vorstadt Stuttgart". URL: http://www.forum-hospitalviertel.de/quartiersgeschichte.html. Abgerufen am 12.03.2016.

Fritzsche, Rebecca Anna: „Viergiebelsiedlung in S-Nord: Rot, blau, gelb und grün sollen die Wände sein". In: Stuttgarter Zeitung vom 19.11.2014.

Funke, Eva: „Illustre Gäste kommen zur Mops-Enthüllung". In: Stuttgarter Nachrichten vom 05.05.2014. URL: http://www.stuttgarter-nachrichten.de/inhalt.stn-aktion-am-dienstag-kommt-der-mops-auf-die-loriot-saeule.0651f284-045f-4a2a-8685-522c80ccd35e.html. Abgerufen am 04.04.2016.

Gaukel, Inken: „Der Stuttgarter Bahnhof". In: Gaukel, Inken und Müller, Roland in Verbindung mit Bleiche, Hartwig: Carl von Etzel und die Anfänge der Eisenbahn in Stuttgart. Stuttgart 2012, S. 41-47.

Goes, Albrecht: Das Brandopfer, Frankfurt 1974.

Goes, Albrecht: Unruhige Nacht, Kiel 1995.

Goes, Albrecht: Gedichte, Frankfurt 2008.

Goethe, Johann Wolfgang von: Werke. Hamburger Ausgabe Bd.1. München, 11. Aufl. 1978, S. 366.

Goller, Alexander: Elly Heuss-Knapp. Gründerin des Müttergenesungswerkes: Eine Biographie. Wien u.a. 2012.

GreatAudioBooks: Der Reiter und der Bodensee / Gustav Schwab. URL: https://www.youtube.com/watch?v=406lRdCyQV4. Abgerufen am 22.02.2016.

Grimm, Gunter: Das Faktotum der Musen - Zum zweihundertsten Geburtstag des Schriftstellers und Volkserziehers Gustav Schwab. URL: https://duepublico.uni-duisburg-essen.de/servlets/DerivateServlet/Derivate-5357/Schwab.pdf. Abgerufen am 22.02.2016.

Gurewitz, Salman Uri: „Widerstand und Kampf: Erinnerungen an Untergrund- und Partisanenkampf der Juden in Kurenetz, aus dem Russischen von Helena Lapidus, unveröffentlichtes deutsches Manuskript im Familienbesitz. Stuttgart 2010, S. 56.

Hach, W.: Schillers Krankheiten und seine Bestattungen. Neue Erkenntnisse aus der Sicht eines Chirurgen – Teil 2. URL: http://phlebo.schattauer.de/de/inhalt/archiv/issue/1531/manuscript/17535/download.html. Abgerufen am 01.03.2016.

Hahn, Andrea: SKLAVENPLANTAGE, GARTENPARADIES UND ATELIER: Rund um Schloss Solitude. Auf: www.litspaz.de. URL: http://litspaz.de/spaziergaenge/stuttgart/parks-gaerten/park-schloss-solitude/. Abgerufen am 28.04.2016.

Harry Gelb. The ghosts of Harry Gelb. Interview von Ivan aka PI99 mit den Künstlern, zuerst veröffentlicht im Züricher 14K Magazine. URL: http://www.14k.ch/news/the-ghosts-of-harry-gelb/. Abgerufen am 19.05.2016.

Harry Gelb: ghosts of ourselves. URL: https://theghostofharrygelb.wordpress.com/ghosts-of-ourselves-2/. Abgerufen am 05.02.2016.

Hascher, Karin: „Geografische Mitte mit Rose". In: Stuttgarter Amtsblatt, Nummer 39, 24.09.2009, S. 10.

Haus der Geschichte Baden-Württemberg: Die Architektur des Museums: Sachlichkeit und Dynamik. URL: http://www.hdgbw.de/das-museum/haus-der-geschichte/. Abgerufen am 11.02.2016.

Herrmann, Dirk: „Villa Hauff - Märchenschlössle des Fabrikanten". In: Stuttgarter Nachrichten vom 30.08.2015. URL: http://www.stuttgarter-nachrichten.de/inhalt.villa-hauff-maerchenschloessle-des-fabrikanten.161b1919-7e36-4918-b393-3e8b30925994.html. Abgerufen am 10.02.2016.

Herwig, Malte: „Legenden: Die vertauschten Köpfe". In: DER SPIEGEL 19/2008.

Hirling, Hans: „Feuersee / Johanniskirche". Auf: www.stuttgart-informationen.de. URL: http://www.stuttgart-informationen.de/parks-plaetze-viertel/Feuersee-Johanneskirche.html. Abgerufen am 29.02.2016.

Historisches Württemberg: Stuttgart. URL: http://www.historisches-wuerttemberg.de/kultur/stuttg/stuttg.html. Abgerufen am 05.03.2016.

Hönes, Jiří: „Karl Gerok: Die Weinberghalde zum Sünder". URL: www.sagenballaden.de. Abgerufen am 08.02.2016.

Hospitalkirche. URL: http://www.linkfang.de/wiki/Hospitalhof_Stuttgart. Abgerufen am 12.03.2016.

Hospitalkirche. URL: http://www.hospitalkirche-stuttgart.de/geschichte/. Abgerufen am 12.03.2016.

Institut für Auslandbeziehungen: „Generalsekretariat Ronald Grätz". Auf: www.ifa.de. URL: http://www.ifa.de/ueber-uns/organisationsstruktur/leitung-generalsekretariat/ronald-graetz.html. Abgerufen am 16.03.2016.

Institut für Gerichtliche Medizin, Medizinische Universität Innsbruck: Der Friedrich-Schiller-Code. URL: http://gerichtsmedizin.at/schillercode_presentation_de.html. Abgerufen am 02.03.2016.

Interspherial Pictures Entertainment Film GmbH: „Chronologie". Auf: www.gluecklichetage.de. URL: www.gluecklichetage.de/index2.html. Abgerufen am 17.04.2016.

Isenburg, Wilhelm Karl zu: Stammtafeln zur Geschichte der europäischen Staaten. Marburg 1953.

Israel, Jürgen: Albrecht Goes, die DDR und das Judentum. Vortrag, Berlin 2010.

Jenewein, Andrea: „Ich lebe verrückter als Mutter Teresa". In: Stuttgarter Nachrichten vom 20.01.2014. URL: http://www.stuttgarter-nachrichten.de/inhalt.laura-halding-hoppenheit-ich-lebe-verrueckter-als-mutter-teresa.c78c2cca-580a-4027-b520-d76cd56eaa3e.html. Abgerufen am 09.02.2016.

Johannes-Gemeinde Stuttgart: „Über die Johannesgemeinde". Auf: www.johannesgemeinde-stuttgart.de. URL: http://www.johannesgemeinde-stuttgart.de/ueber-die-johanneskirche/. Abgerufen am 29.02.2016.

Kindlers Literatur Lexikon, Bd. 11. Stuttgart 2009, S. 491 f.

Koop, Volker: Himmlers letztes Aufgebot : die

NS-Organisation „Werwolf". Böhlau 2008.

Kress, Wolfgang: „Das Freilichttheater im Bopserwald: Eine fast vergessene Stätte der Schiller-Verehrung in Stuttgart". Stuttgart 2009, S. 11, 13-18, 78-80, 92.

Kurz, Jörg: Die Gänsheide, Geschichte und Kultur. Stuttgart 2007.

Küster, Bärbel (Hrsg.): Skulpturen des 20. Jahrhunderts in Stuttgart. Stuttgart 2006, S.175-178.

Laber, Lutz: „Stuttgart Metropol, Palast". Auf: www.allekinos.pytalhost.com. URL: http://allekinos.pytalhost.com/kinowiki/index.php?title=Stuttgart_Metropol,_Palast. Abgerufen am 15.04.2016.

Landesamt für Denkmalpflege (LAD) im Regierungspräsidium Stuttgart: PROJEKTBERICHT JAKOBSCHULE, STUTTGART. Auf: www.denkmalpflege-bw.de. URL: http://www.denkmalpflege-bw.de/geschichte-auftrag-struktur/denkmalpflege-in-baden-wuerttemberg/bildung/grundschueler-erleben-denkmale/projektberichte/projektberichte-201112/stuttgart.html. Abgerufen am 12.04.2016.

Landeshauptstadt Stuttgart (Hrsg.): Brunnen in Stuttgart. 3. Auflage 2004, S. 13.

Lang, Armin: G'schichte. In: www.aeffleundpferdle.de. URL: http://www.aeffleundpferdle.de/gschichte.html. Abgerufen am 11.02.2016.

Lebendiges Museum Online: „Der Werwolf". URL: https://www.dhm.de/lemo/kapitel/der-zweite-weltkrieg/kriegsverlauf/der-werwolf.html. Abgerufen am 21.02.2016.

Lehmann, Helge: Die Todesnacht von Stammheim – Eine Untersuchung. Bonn 2011.

Lenzner, Bernd: „Schloß Solitude". In: STUTTGART Mini, 5., unveränderte Auflage, Stuttgart 1992, S. 96 f.

Mikolaj, Patrick: „Von Ausland und Reich". Auf: www.unnuetzes-stuttgartwissen.de. URL: http://unnuetzes-stuttgartwissen.de/index.php/unnuetzes-wissen?start=143. Abgerufen am 15.03.2016.

Mikolaj, Patrick: „Von Biergarten und Waisen". Auf: www.unnuetzes-stuttgartwissen.de. URL:

http://unnuetzes-stuttgartwissen.de/index.php/unnuetzes-wissen?start=165. Abgerufen am 15.03.2016.

Monumenta Germaniae Historica: „Hofbibliothek Stuttgart". Auf: www.mgh.de. URL: http://www.mgh.de/bibliothek/provenienzen/hofbibliothek-stuttgart/. Abgerufen am 26.04.2016.

Mörike, Eduard: Das Stuttgarter Hutzelmännlein. Stuttgart Erstausgabe 1853.

Müller, Rebecca: „Loriot-Denkmal in Stuttgart: Der Mops ist weg!" In: Stuttgarter Zeitung vom 10. Dezember 2013. URL: http://www.stuttgarter-zeitung.de/inhalt.loriot-denkmal-in-stuttgart-der-mops-ist-weg.a6dd6c33-7f1b-4406-a057-dac1c4adf06b.html. Abgerufen am 03.03.2016.

MyHeritage Ltd./geni: „Zalman Uri Gurewitz!". Auf: www.geni.com. URL: https://www.geni.com/people/Zalman-Uri-Gurewitz/6000000001499298386. Abgerufen am 25.04.2016.

mxw/dpa: „Neuer Hund aus Bronze: Ein Loriot-Mops für Stuttgart". In: Der Spiegel, 06.05.2014. URL: http://www.spiegel.de/kultur/gesellschaft/loriot-stele-in-stuttgart-mops-aus-bronze-ist-zurueck-a-967839.html. Abgerufen am 03.03.2016.

Neth, Sybille: „Ein Mahnmal mit einem schönen Rundblick". In: Stuttgarter Nachrichten Nr. 70 vom 20. 6. 2012. URL: http://www.stuttgart-zeitung.de/inhalt.der-montescherbelino-ein-mahnmal-mit-einem-schoenem-rundblick.da184efd-c119-48c1-9557-1d8fbcdab897.html. Abgerufen am 10.02.2016.

Neth, Sybille: „Feuersee: Wasserschildkröten ärgern die Angler". In: Stuttgarter Zeitung vom 25. Mai 2012. URL: http://www.stuttgarter-zeitung.de/inhalt.feuersee-wasserschildkroeten-aergern-die-angler.b84f9b4e-3ff4-4a0e-99ee-22aa68156b51.html. Abgerufen am 29.02.2016.

Pander, Christine; Treiber, Anja: „Stuttgarts süße Vergangenheit". Auf: Stuttgarter Zeitung. de, Von Zeit zu Zeit. URL: http://wwwvonzeitzuzeit.de/index.php?template=thema&theme_id=94. Abgerufen am 29.04.2016.

Pfaff, Dr. Karl: Geschichte der Stadt Stuttgart nach Archival-Urkunden. Eßlingen 1843. S. 96. Pfarramt für Medien und Öffentlichkeitsarbeit Stuttgart: „Evangelische Johannesgemeinde". Auf: www.ev-ki-stu.de. URL: http://www.ev-ki-stu.de/gemeinden/stuttgart-mitte/johannes/. Abgerufen am 29.02.2016.

Precht, Jørn: „Laura Halding-Hoppenheit". URL: www.gluecklichetage.de/cast_halding-hoppenheit.html. Abgerufen am 09.02.2016.

Raff, Gerhard: Hie gut Wirtemberg allewege. Stuttgart 1994.

Raidt, Erik und Volkmann, Ingmar: „Laura Halding-Hoppenheit: Der Besen hat viel Treibstoff". In: Stuttgarter Zeitung vom 14.01.2014. URL: http://www.stuttgarter-zeitung.de/inhalt.laura-halding-hoppenheit-der-besen-hat-viel-treibstoff.dc0e3600-2363-4b60-8373-43dd4e165220.html. Abgerufen am 09.02.2016.

Runschke, Wolfgang: Die Grundherrschaft des Klosters Lorch. Untersuchungen zur Wirtschaftsgeschichte einer schwäbischen Benediktinerabtei vom Hochmittelalter bis zur Reformation. Dissertation. Tübingen 2007/2010, S. 404 ff.

Schiller, Friedrich von: Wilhelm Tell, IV,2. In: Deutsche Schillergesellschaft (Hrsg.): Schiller. Dramen und Gedichte. Stuttgart 1959, S. 966.

Schleyer, Hanns Martin. Auf: http://www.whoswho.de/bio/hanns-martin-schleyer.html. Abgerufen am 03.05.2016.

Schloss Solitude. www.schloss-solitude.de. Abgerufen am 28.04.2016.

Schukraft, Harald: Wie Stuttgart wurde, was es ist: ein kleiner Gang durch die Stadtgeschichte. Stuttgart 1999.

Schulz-Braunschmidt, Wolfgang: „Bronzetafel schmückt Stuttgarter Nabel". In: Stuttgarter Zeitung Nr. 217 / Samstag, 19.09.2009.

SIR/dpa: „Denkmal in Stuttgart: Säule am Eugensplatz feierlich enthüllt". In: Stuttgarter Zeitung vom 12.11.2013. URL: http://www.stuttgarter-zeitung.de/inhalt.loriot-denkmal-in-stuttgart-saeule-am-eugensplatz-feierlich-enthuellt.ea4d91be-4098-4840-b681-27b87525ca2c.html. Abgerufen am 03.03.2016.

Stadtbild Deutschland: „Stuttgarter Stadtbefestigung". URL: http://www.stadtbild-deutschland.org/forum/index.php?thread/5022-stuttgarter-stadtbefestigung/. Abgerufen am 05.03.2016.

Stadt Stuttgart. Amt für Stadtplanung und Stadterneuerung. Historische Bebauungspläne, (unveröffentlicht).

Staatliche Schlösser und Gärten Baden-Württemberg: Neues Schloss Stuttgart. Auf: http://www.neues-schloss-stuttgart.de. Abgerufen am 26.04.2016.

STIFTUNGGEISSSTRASSESIEBEN: „Juden in Württemberg". Auf: www.zeichen-der-Erinnerung.org. URL: http://www.zeichen-der-erinnerung.org/n4.htm. Abgerufen am 25.04.2016.

Stihler, Carolin: „Woher kommt der Name Bopser?", Stuttgarter Nachrichten vom 26. Januar 2015. URL: http://www.stuttgarter-nachrichten.de/inhalt.stuttgarter-stadtteil-woher-kommt-der-name-bopser.536ce865-ac21-40a0-a9fb-76d691d84981.html. Abgerufen am 29.02.2016.

Stuttgart.de: Sophienbrunnen. URL: http://www.stuttgart.de/item/show/31241/1. Abgerufen am: 18.02.2016.

Stuttgarter Schlachthof. URL: http://www.schlachthof-stuttgart.de/geschichte/geschichte.html. Abgerufen am 11.04.2016.

Stuttgarter Straßenbahn AG (Hrsg.): 1868 – 2014. Die Geschichte der Stuttgarter Straßenbahnen. Stuttgart, 9. Aufl. 2014.

Stuttgarter Wochenblatt: Markstein an einstiger Handelsroute enthüllt. 27.07.1995.

Stuttgarter Zeitung: Kopie eines alten Marksteins enthüllt. 21.07.1995.

Süddeutsche Zeitung vom 17. Mai 2010: DNA-Analyse – Schillers Sarg ohne Schiller. URL: http://www.sueddeutsche.de/wissen/dna-analyse-schillers-sarg-ohne-schiller-1.191296. Abgerufen am 29.02.2016.

Sutter, Dr. Rolf E.: „Das Wappen Stuttgart – Wappen deutscher Städte", erstellt am 17. Mai 2011. Auf: www.pro-heraldica.de. URL: http://pro-heraldica.de/blog/wappen-stuttgart/. Abgerufen am 12.04.2016.

Tagesspiegel: Friedrich Schiller-Code: Schiller Nachfahren in Stuttgart exhumiert. URL: http://www.tagesspiegel.de/kultur/friedrich-schiller-code-schiller-nachfahren-in-stuttgart-exhumiert/1197594.html. Abgerufen am 29.02.2016.

Täuber, Rita E.: „Einführung: das Haus des Landtags". In: Landtag von Baden-Württemberg: „Kunst im Landtag – Ein Rundgang". Stuttgart 2008, S. 4 f.

Trüdinger, Jörg: Freilichttheater im Bopserwald, Stuttgart 2009. URL: http://www.gablenberger-klaus.de/2009/04/05/freilichttheater-im-bopserwald/. Abgerufen am 10.02.2016.

Turbostition: „Das Porsche-Wappen". Auf: www.turbostition.com. URL: http://www.turbosition.com/de/porsche-wappen.aspx. Abgerufen am 12.04.2016.

Ullman, Micha: Neumond. Stuttgart 1995, Buchrückentext.

Ullman, Micha. URL: https://www.stuttgart.de/item/show/350861/1. Abgerufen am 14.02.2016.

Wais, Gustav: Die St.-Leonhardskirche und die Hospitalkirche zu Stuttgart. Eine Darstellung der beiden gotischen Kirchen mit baugeschichtlichen und kunstgeschichtlichen Erläuterungen. Stuttgart 1956.

Wassermann, Gottlob: Gustav Schwab, der edle Barde Schwabenlands. Kostenlose Online-Version, St. Gallen und Bern, 1851. URL: https://books.google.de/books?id=PtQ_AAAAc AAJ&printsec=frontcover&hl=de&source=gbs_ge_summary_r&cad=0#v=onepage&q&f=false. Abgerufen am 22.02.2016.

Welche Bedeutung hat die Zahl 786 im Islam? URL: http://de.answers.com/Q/Welche_Bedeutung_hat_die_Zahl_786_im_Islam. Abgerufen am 17.04. 2016.

Wikipedia: „Adolf Wolff". URL: https://de.wikipedia.org/wiki/Adolf_Wolff_%28 Architekt%29. Abgerufen am 12.04.2016.

Wikipedia: „Bildungseinrichtungen in Stuttgart". URL: Wikipedia: „Schloss Solitude". URL: https://de.wikipedia.org/wiki/Schloss_Solitude. Abgerufen am 28.04.2016.

Wikipedia: „Gedenkstätte am Nordbahnhof". URL: https://de.wikipedia.org/wiki/Gedenkstätte_am_Nordbahnhof. Abgerufen am 25.04.2016.

Wikipedia: „Hohe Karlsschule". URL: https://de.wikipedia.org/wiki/Hohe_Karlsschule. Abgerufen am 26.04.2016.

Wikipedia: „Königstor (Stuttgart)". URL: https://de.wikipedia.org/wiki/Königstor_

(Stuttgart). Abgerufen am 30.04.2016.

Wikipedia: „Luftangriffe auf Stuttgart". URL: https://de.m.wikipedia.org/wiki/Luftangriffe_auf_Stuttgart. Abgerufen am 17.04.2016.

Wikipedia: „Merkursäule": URL: https://de.wikipedia.org/wiki/Merkursäule_(Stuttgart). Abgerufen am 14.04.2016.

Wikipedia: „Orden vom Goldenen Vlies". URL: https://de.wikipedia.org/wiki/Orden_vom_Goldenen_Vlies. Abgerufen am 23.04.2016.

Wikipedia: „Reifrock". URL: https://de.wikipedia.org/wiki/Reifrock. Abgerufen am 11.04.2016

Wikipedia: „Stuttgart Hauptbahnhof". URL: https://de.wikipedia.org/wiki/Stuttgart_Hauptbahnhof. Abgerufen am 30.04.2016.

Wilhelma Zoologisch-Botanischer Garten Stuttgart: „Geschichte der Wilhelma - 20. Jahrhundert". In: www.wilhelma.de. URL: http://www.wilhelma.de/de/park-und-geschichte/geschichte-der-wilhelma/20-jahrhundert.html. Abgerufen am 15.02.2016.

Willburger, Nina: „Sieglin, Ernst Wilhelm von". In: Neue Deutsche Biographie 24 (2010), S. 356-357 (Onlinefassung). URL: http://www.deutsche-biographie.de/pnd119151340.html. Abgerufen am 11.04.2016.

Wirtschaftsförderung Region Stuttgart GmbH: „Wussten Sie schon ...? ... wie Ferrari zum „Stuttgarter Rössle" kam?" Auf: www.cars.region-stuttgart.de. URL: http://cars.region-stuttgart.de/sixcms/detail.php/275013. Abgerufen am 12.04.2016.

Wirtemberg.de: Waldbaur Schokolade aus Stuttgart. URL: http://www.wirtemberg.de/schokolade5.htm. Abgerufen am 05.03.2016.

Zentralrat der Juden in Deutschland: „Was ist Jewrovision?". Auf: www.jewrovision.de. URL: http://www.jewrovision.de/de/topic/3.ueber.html. Abgerufen am 25.04.2016.

Bildnachweis

Porträt Jürgen Brand, S.7: Claus Rudolph Bismarckturm, S. 89, 90: Hans-Christian Wieder Markstein, S. 170: Melanie Axter Covermotiv Women's History, S. 192: Franz Xaver Winterhalter [Public domain], via Wikimedia Commons

#	
1	Zahl
2	Stuttgarter Rössle
3	Werwolfzeichen
4	Hausnummern
5	Stuttgart 20
6	Froschkönig
7	Initialen
8	WWW
9	Loch
10	Ordenskette
11	Salamander
12	Gekappter Kirchturm
13	Neumond
14	Uhrtürmchen
15	Säulen am Königsbau
16	Loriot-Säule
17	Pfennigzeichen
18	Giebelrelief
19	Goes-Denkmal
20	Schiller-Grabstein
21	Äffle und Pferdle
22	Hutzelmännlein
23	Viergiebel-Siedlung
24	Bismarckturm
25	Stadtmittelpunkt
26	Spolien
27	Werkstatthaus Ost
28	Schriftzug
29	Königstor-Wappenschild
30	Kings Club
31	Terrasse
32	Brunnen
33	Dritte Schiene
34	Liegende Frau
35	Bahngleise
36	Stadtmauerrest
37	Schillerstein
38	Kuhrelief
39	Schwab-Grab
40	Wandbild
41	Gedenkstein-Feld
42	Kacheln
43	Kanonenhäusle
44	Gehweg
45	Zisterne
46	Gedenkstein
47	Markstein
48	Sophienbrunnen
49	Merkursäule
50	Monte Scherbelino

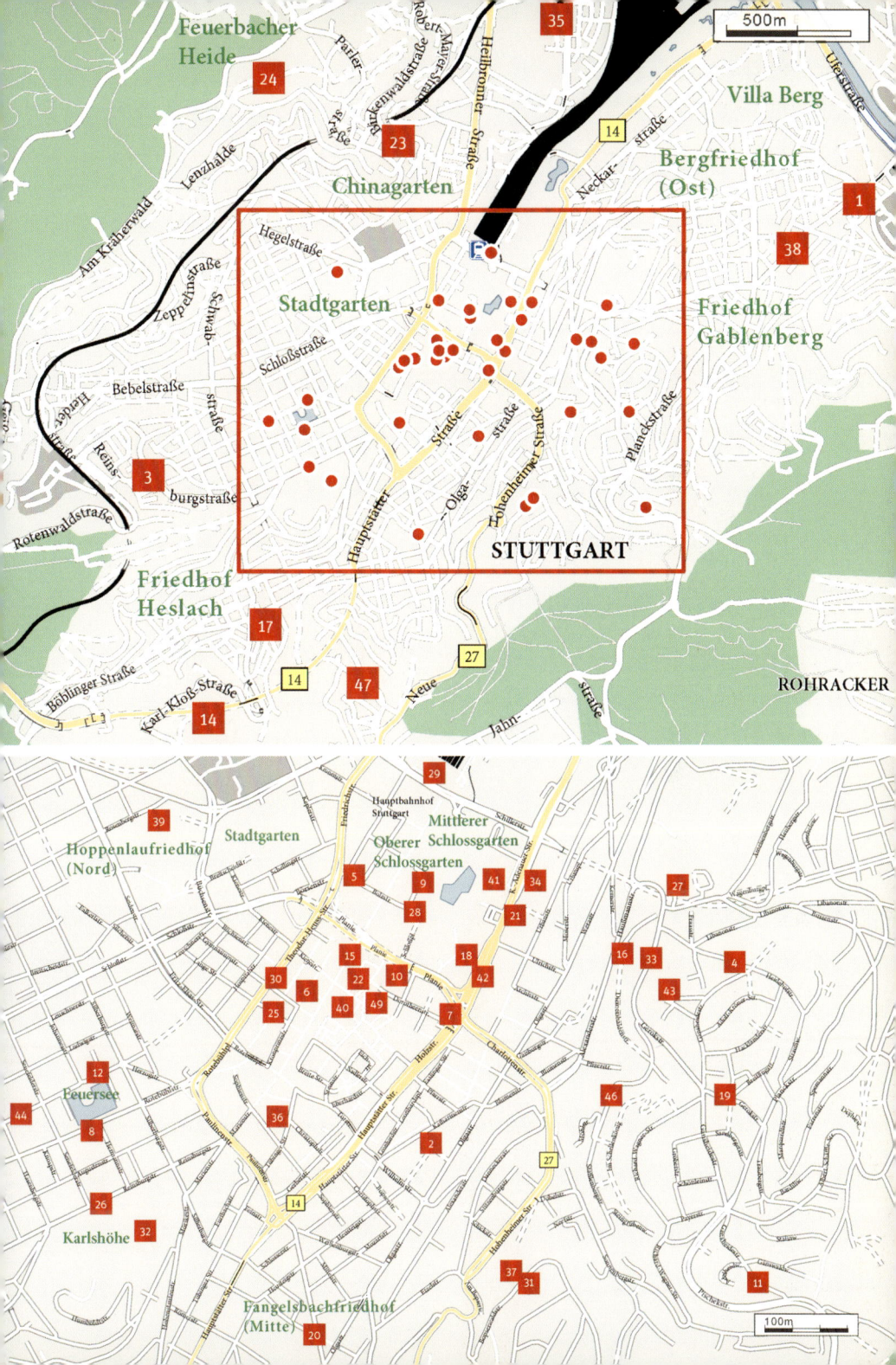

SIE WOLLEN NOCH MEHR ÜBER
Stuttgart
WISSEN?

Hier gibt es sachkundige Informationen:

Bismarckturm Stuttgart
Bürgerverein Killesberg und Umgebung e.V.
Lenbachstrasse 56 | 70192 Stuttgart
Telefon: 0711 / 815251
E-Mail: BV-Killesberg@t-online.de
Homepage: www.buergerverein-killesberg.de
Hans Christian Wieder
Telefon: 0711 / 2560237
Dirk Karge
Telefon: 0711 / 621961
Der Turm ist geöffnet, wenn die weiße Fahne gehisst ist.

Filmbüro Baden-Württemberg e.V.
Friedrichstr. 37 | 70174 Stuttgart
Telefon: 0711 / 221067
E-Mail: info@filmbuerobw.de
Homepage: www.filmbuerobw.de

Frl. Wommy Wonder
Schwäbischer Humor und Kabarett
Auftrittsübersicht und Buchungen:
WW-Kontakte
Adlerstraße 25
73760 Ostfildern-Nellingen
Telefon: 0711 / 9079792
Fax: 0711 / 9079782
Mobil: 0172 / 2497594
E-Mail: info@wommy.de
Homepage: www.wommy.de

Volker Karcher
Greeter führen Sie durch ihr Stuttgart
E-Mail: vkarcher@gmx.de
Homepage: www.stuttgartgreeters.de

LitSpaz
Literatur-Spaziergänge Hahn, Kusiek & Laing
Literarische Führungen und Veranstaltungen im Großraum Stuttgart, Taubertal, Nürnberg
Mainzer Str. 42 | 71672 Marbach a. N.
Telefon: 07144 / 1300810
E-Mail: info@litspaz.de
Homepage: www.litspaz.de

Sigrid Mahn-Hutta M.A.
Freie Kuratorin
Kunstgeschichte | Kulturwissenschaft
Ausstellungsplanung | Sammlungsbetreuung | Inventarisierung | Werkverzeichnisse | Text und Recherche | Stuttgarter Kulturtouren
Telefon: 0711 / 7977965
Büro: 0711 / 34170075
Mobil: 0175 / 8688943
www.kulturdienste-stuttgart.de

Patrick Mikolaj
Unnützes Stuttgartwissen
Entdeckungstouren zu unnützem Stuttgartwissen
Für Neugierige, Besserwisser und Stuttgartkenner
E-Mail: info@lokalteil-verlag.de
www.Stuttgart-Entdeckungstouren.de

Oliver Mirkes
Stuttgarter Stäffelestouren
Spezielle Stadtführungen rund um Stuttgarts heimliche Wahrzeichen
Oliver Mirkes
Wander- und Naturerlebnisse
Goethestr. 9 | 73760 Ostfildern
Telefon: 0711 / 50873325
E-Mail: info@wanatu.de
Homepage: www.wanatu.de oder
www.stuttgarter-staeffelestour.de

Bernd Möbs
Kulturveranstaltungen Literatur
Geschichte und Wein
Stadtführungen in Stuttgart
Lesungen, Musik und Wein
Bernd Möbs
Albert-Schäffle-Straße 70
70186 Stuttgart
Telefon: 0711 / 2624117
E-Mail: info@bernd-moebs.de
Homepage: www.bernd-moebs.de

Touristeninformation Stuttgart
Broschüren und Informationen über die Tourismusregion Stuttgart

Stuttgart-Marketing GmbH
Königstraße 1a
Telefon: 0711 / 22280
Fax: 0711 / 2228217
E-Mail: info@stuttgart-tourist.de
Homepage: www.stuttgart-tourist.de/touristeninformation-stuttgart

Andrea Welz
Kunstgespräche, Führungen in Museen und Stadtspaziergänge in Stuttgart. Kunst im öffentlichen Raum vom Denkmal bis zur Streetart. Studienreisen. Blog. Kunst und Reisen.

Telefon: 0711 / 659652
E-Mail: welzstuttgart@hotmail.com
Homepage: www.kunstundreisen.com

Hans Martin Wörner
„Keine Sau auf dem Balkon"
Vorträge zur Entstehungsgeschichte einer Nachkriegssiedlung
Hans Martin Wörner
Herschelstrasse 71
70565 Stuttgart
Telefon: 0711 / 749270
E-Mail: hans-martin-woerner@t-online.de

....

Publikationen:

Bracht, Thea; Bürkle, Simone; Gayer, Holger: Heimat Stuttgart ... ein Streifzug durch alle Stadtbezirke. Stuttgart 2013.

Bredenbeck, Martin (Red.): Stadt und Siedlung. Bund Heimat und Umwelt in Deutschland. Bonn 2014.

Hahn, Andrea: Poesie im Kreuzgang. Literarische Spaziergänge durch Klöster in Baden-Württemberg. Tübingen 2011.

Mikolaj, Patrick: Unnützes Stuttgartwissen - Von Akropolis bis Zeppelin (Bd. 1). Stuttgart 2013.

Mikolaj, Patrick: Unnützes Stuttgartwissen 2 - Das Besserwisser-Buch. Stuttgart 2014.

Mikolaj, Patrick: Unnützes Stuttgartwissen - Knallt! (Bd. 3).

Stuttgart 2015.

Möbs, Bernd: Unterwegs zu Stuttgarts Dichtern. Stuttgart 2012.

Schukraft, Harald: Stuttgarter Straßengeschichte(n). Stuttgart (4. Auflage) 1987.

Schukraft, Harald: Kleine Geschichte des Hauses Württemberg. Tübingen (2. Auflage) 2007.

Schukraft, Harald: Wie Stuttgart wurde, was es ist - Ein kleiner Gang durch die Stadtgeschichte. Tübingen (5. Auflage) 2014.

Volz, Heiko; Lang, Roman: Äffle & Pferdle. A subber luschtigs Sprüchle für jede Woch!. Heiko Volz und Roman Lang. Stuttgart 2016.

....

Besuchen Sie uns im Internet: **www.bast-medien.de**

Haftungsausschluss

Trotz intensiven Austauschs mit unseren Gesprächspartnern, gewissenhafter Literaturrecherche und aufmerksamem Korrekturlesen erheben wir weder einen Anspruch auf Vollständigkeit noch auf Fehlerlosigkeit. Wir haben streng darauf geachtet, keine Urheberrechte zu verletzen, unsere Recherchen sind nach bestem Wissen und Gewissen erfolgt. Dennoch übernehmen wir keinerlei Gewähr für die Aktualität, Korrektheit oder Vollständigkeit der bereitgestellten Informationen. Haftungsansprüche gegen uns schließen wir grundsätzlich aus.

DIE
Geheimnisse der Heimat
GIBT ES IN …

- Aalen
- Bad Cannstatt
- Bamberg
- Bayreuth
- Berlin
- Bodensee (für Kinder)
- Bremen
- Bremerhaven
- Donaueschingen
- Esslingen
- Flensburg
- Friedrichshafen
- Hamburg 1 & 2
- Hannover 1 & 2
- Jena
- Konstanz 1 & 2
- München
- Regensburg
- Schwäbisch Gmünd
- Schwarzwald (für Kinder)
- Stuttgart
- Sylt
- Tübingen
- Überlingen 1 & 2
- Villingen-Schwenningen
- Würzburg
- … und über Redewendungen!

IM BUCHHANDEL ODER UNTER: WWW.BAST-MEDIEN.DE

JETZT NEU:
Kalenderblätter
GIBT ES IN …

- Konstanz
- München

52 faszinierende Geschichten aus den Kalenderwochen quer durch die Jahrhunderte

WEITERE GEHEIMNISSE UND KALENDERBLÄTTER SIND IN ARBEIT

NEU AM KIOSK AB 12/2016:
Women's History
Das Geschichtsmagazin für Frauen

Themen, die Frauen seit Jahrhunderten bewegen und die Männer seit Jahrhunderten an Frauen faszinieren

- Im Schatten der Kaiserin: Sisis Schwestern
- Jeanne d'Arc – die Lady Gaga ihrer Zeit
- Exklusive Interviews mit spannenden Frauen
- Giftmord und Verrat – historische Verbrecherinnen